석학人文강좌 72

역사와 철학의 만남

석학人文강좌 72

역사와 철학의 만남

초판 1쇄 인쇄 2017년 9월 5일
초판 1쇄 발행 2017년 9월 13일
지은이 이한구
펴낸이 이방원
편 집 강윤경·김명희·이윤석·안효희·윤원진·홍순용
디자인 전계숙·손경화
마케팅 최성수
펴낸곳 세창출판사
출판신고 1990년 10월 8일 제300-1990-63호
주소 03735 서울시 서대문구 경기대로 88 냉천빌딩 4층
전화 723-8660
팩스 720-4579
이메일 edit@sechangpub.co.kr
홈페이지 http://www.sechangpub.co.kr

ISBN 978-89-8411-716-7 04100
        978-89-8411-350-3(세트)

이 도서의 국립중앙도서관 출판시도서목록(CIP)은 서지정보유통지원시스템 홈페이지(http://seoji.nl.go.kr)와
국가자료공동목록시스템(http://www.nl.go.kr/kolisnet)에서 이용하실 수 있습니다. (CIP제어번호: CIP2017021994)

석학
人文
강좌
72

역사와 철학의 만남

이한구 지음

세창출판사

들어가며

이 책은 한국연구재단이 주관하는 「석학과 함께하는 인문강좌」 제8기 2강에서 필자가 한 강의 내용을 중심으로 정리한 것이다. 이 강좌는 2015년 5월 9일부터 5월 30일까지 서울 서초구민회관에서 누구든지 참석할 수 있게 공개적으로 매주 토요일 오후에 열렸다. 그때 강좌는 〈역사를 어떻게 이해할 것인가〉라는 큰 주제 아래 3주에 걸쳐 소주제를 정해서 강의하고, 넷째 주는 청중과의 대화로 이루어졌다.

첫 주는 〈역사를 보는 두 입장〉으로 역사를 우리가 만들어 낸 이야기로 보는 역사주관주의와 역사를 과거의 재현으로 보는 역사객관주의를 논의했고, 둘째 주는 〈사관이란 무엇인가〉를 주제로 사관 없는 역사 서술은 맹목이고 객관성 없는 사관은 공허하다는 논제를 검토했다. 셋째 주의 주제는 〈세계화를 보는 시각〉이었으며, 우리는 왜 세계화를 문명의 충돌이나 공존이 아니고 융합으로 보아야 하는가를 다루었다. 넷째 주는 한신대 윤평중 교수가 사회를 보면서 청중과 나누는 대담이었는데, 대강당을 가득 메운 청중들의 열정적인 질문과 토론의 열기가 지금도 느껴지는 듯하여, 질문과 대답을 책에 그대로 실었다.

책의 이름을 강좌 제목 그대로 하지 않고 『역사와 철학의 만남』으로 바꾼 것은 〈역사를 어떻게 이해할 것인가〉라는 이름의 책이 너무나 흔하다는 지적 때문이었다. 처음에는 강좌의 내용을 기반으로 훨씬 포괄적인 저술을 하려 했지만, 강좌를 충실히 정리하는 것도 그 나름으로 의미가 있다고 판단하여 그 틀을 그대로 살리는 선에서 마무리했다.

〈역사를 보는 두 입장〉과 〈사관〉의 문제는 이미 필자의 책『역사학의 철학』과 『역사주의와 반역사주의』에서 역사철학의 전문 주제로서 다룬 적이 있다. 여기서는 전체적으로 『역사학의 철학』에서 다룬 내용들을 기반으로, 누구나 읽을 수 있도록 논의형식을 달리하고 다양한 예시들을 추가하였다. 독자제현의 기대에 크게 어긋나지 않기를 바랄 뿐이다.

2017년 9월
경희연구실에서
이한구

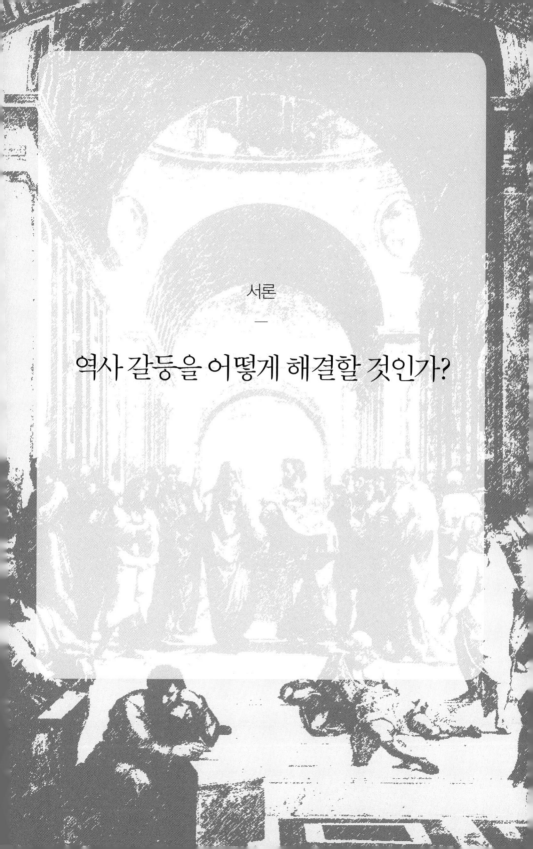

서론

—

역사 갈등을 어떻게 해결할 것인가?

한일, 한중 간의 역사논쟁은 역사전쟁이라 할 만큼 치열하다. 국내적으로도 고등학교 국사교과서 논쟁은 단순히 역사학계 차원의 문제가 아니다. 왜 이런 논쟁이 계속되는가? 그것은 역사가 과학의 영역이면서 동시에 이념의 영역으로 이해되기 때문이다. 역사는 있었던 그대로의 과거를 재현해야 하는 점에서는 과학의 영역이지만, 과거를 재현하고자 할 때 현재의 가치가 개입되어 이념의 투쟁장이 된다는 점에서는 이념의 영역이다.

역사학은 옛날부터 예술과 매우 가까운 사이었다. 역사 서술에 필수적인 수사학은 상당부분 예술에 바탕을 두고 있기 때문이다. 역사학은 또한 권력이나 이데올로기와도 뗄 수 없는 관계를 맺어왔다. 역사의 기록은 많은 경우 승자가 자신을 정당화하는 기록이었기 때문이다.

로마의 정치가 키케로(Cicero)는 역사를 웅변의 한 영역으로 이해했다. 그는 웅변은 법정 변론에서는 상대의 마음을 격정적으로 뒤흔드는 반면, 역사의 영역에서는 도도한 논설과 유려한 문체로 이루어져야 한다고 주장했다.

역사가는 즐겁고 효율적인 논지를 만들기 위해 수사학 강의를 받아야 한다. 연대기 작성자와는 대조적으로 역사가는 자신의 능력껏 모든 수사학 수단을 활용하여 텍스트를 장식해야 한다. 역사가는 자신의 논설을 미화하려 애쓰면서 사실들을 장식하는 사람이 되어야 한다.[01]

키케로는 『법률론』에서 단순한 연대기적 역사(Annales)와 수사적 역사(History)를 구분하면서, 진정한 역사는 수사적 역사라고 규정했다. 수사란 사상이나 감정을 효과적이고 미적으로 표현할 수 있도록 문장과 언어를 사용하는 기법이다. 역사에 대한 이런 규정은 그 이후 역사가 과학인가 예술인가 하는 논쟁의 근원이 되었다.

이런 논쟁은 19세기 후반 레오폴드 폰 랑케(Leopold von Ranke, 1795-1886)가 학문의 전문 분과로서 역사를 규정한 이후 역사는 과학이라는 입장으로 정리되는 듯했다. 20세기 들어와서도 상당기간 역사학의 주류는 사회 경제사를 중심으로 하여 사회과학의 길을 추구해 오면서 자신을 과학과는 다른 무엇으로 생각하지 않았다. 예컨대 프랑스의 아날학파, 독일의 비판이론, 마르크스주의는 모두 역사과학의 가능성을 의심하지 않았다. 그렇지만 1960년대 이후 등장한 포스트모더니즘이 과학으로서의 역사학의 정체성에 다시금 의문을 제기하면서 역사학은 또다시 논쟁의 소용돌이에 휘말리게 되었다.

역사와 권력과의 얽힌 관계도 오래된 이야기다. 옛날로 거슬러 올라갈수록 기록의 대다수가 권력투쟁에서 승리한 자의 기록이라 할 수 있다. 패자는 거의 기록을 남길 수가 없었다.

조선왕조실록은 유네스코 세계기록 유산으로 지정(1997년)될 만큼 귀중한 역사 기록물이다. 조선왕조는 할 수 있는 한 최대로 객관적으로 역사를 기록하려고 온갖 노력과 장치를 강구했지만, 실록 중『선조실록(宣祖實錄)』과『선조수정실록(宣祖修正實錄)』이 존재하는 것은 역사와 권력의 긴밀한 연관성을 상징적으로 보여 준다.『선조실록(宣祖實錄)』은 광해군 때 권력을 잡았던 북인들이 편찬한 것이다. 그러나 인조반정 후 서인들이 권력을 잡게 되자 서인들은 북인세력이 편찬한 선조실록은 서인 출신 인물을 공정하게 기록하지 않았다는 이유로 실록의 내용을 수정해서『선조수정실록(宣祖修正實錄)』을 만들었다. 숙종 때에는 서인들이 권력을 잡게 되자『현종실록(顯宗實錄)』이 편파적이라는 이유로『현종개수실록(顯宗改修實錄)』을 다시 편찬하기도 했다. 수정실록은 일부의 내용을 고치는 것이지만, 개수실록은 아예 처음부터 새로 쓴 실록이다.

또한 강대한 제국이 주변 약소국가들을 침략하면 소위 식민사관의 입장에서 주변국의 역사를 새로 쓰는 것은 오래되고 흔한 일이다. 일본이 우리나라를 침략하여 식민지화할 때 일본의 어용학자들이 저들의 침략을 정당화하기 위해 쓴 한국사 연구방식이 우리가잘 아는 식민사관의 대표적인 예다.

세계화시대가 되면서 역사학과 권력이나 이데올로기의 관계는 더욱 확대 심화되어 국가 간의 역사전쟁으로까지 확산되었다. 종군

위안부 문제, 독도 문제, 한국의 발전에 대한 일본의 지원문제 등에서 일본 정부나 일본 역사학계의 역사해석과 한국 역사학계의 입장은 너무나 많이 상반된다.

중국 역시 일본의 역사왜곡에 대해서는 우리와 한목소리를 내지만, 일본 못지않은 역사왜곡을 자행하고 있다. 그들은 소위 '동북공정(東北工程)'이라 불리는 역사 정리 프로젝트에서 고구려와 발해의 역사를 중국의 지방사로 편입했다. 이들의 논리는 현재 중국의 영토 안에 있는 모든 지역의 과거사는 어찌 되었든 중국의 역사라는 식이다. 이런 조작은 일본의 식민사관보다 더한 역사왜곡이다. 최근에는 한국은 중국의 일부였다는 막말까지 등장했다.

식민사관은 보통 한 나라 A가 다른 나라 B를 침략하여 식민 지배를 하면서, A가 자신의 지배를 정당화하기 위해 B의 역사를 자의적으로 폄하하는 교설이다. 말하자면 B의 역사는 오랜 옛날부터 침체되어 있었고, 자력으로는 그런 침체를 벗어날 수 없는 상태였으므로, 소위 A의 도움이 꼭 필요했다는 식의 역사해석이다. 이때 도움은 침략의 다른 표현에 불과하다. 이보다 한발 더 나아가면, B가 옛날부터 A의 영토였다는 역사 조작이 나타난다.

역사를 둘러싸고 왜 이런 왜곡이나 조작들이 벌어지는가? 강대국들은 진심으로 이런 주장을 하는 것인가? 아니면 사실은 모두 정확하게 알면서도 자신들의 이익을 위해 사실을 모른 체하고 이런 주장을 하는 것일까? 역사의 진실에 함께 동의할 방법은 없는 것일까?

나는 이 책에서 이 모든 역사 갈등은 역사를 과학의 영역으로 다시 복권시키고, 이념이나 이해의 대결장을 최대한 이론의 대결장으로 전환시킬 수 있을 때만 해결 가능하다는 것을 논증하려고 한다.

나의 논리는 복잡하지 않다. 기록으로서의 역사는 과거 세계의 지도(地圖)이며, 지도를 그리는 지리학이 과학이듯이 과거를 재현하려는 역사학은 과학일 뿐 그 이상도 이하도 아니라는 것이다. 이것은 역사적 지식의 객관성을 주장하는 입장이다. 그렇다고 랑케의 노선을 되살리자는 이야기가 아니다. 랑케는 역사의 객관성을 확보하기 위해 역사가의 모든 관점을 제거하려고 했지만, 나는 역사가의 다양한 관점을 수용하면서도 역사객관주의를 주장하기 때문이다.

지도라 해서 한 종류의 지도만이 존재하는 것은 아니다. 관점이나 용도에 따라 다양한 종류의 지도를 그릴 수 있다. 도시나 도로의 지도를 그릴 수도 있고, 산천이나 기후, 광물 매장량의 지도를 그릴 수도 있다. 한 나라의 지도를 그릴 수도 있고 세계지도를 그릴 수도 있다. 이 때문에 우리는 지리학을 일반 지리학과 지역지리학으로 나누거나, 일반지리학을 인문지리학과 자연지리학으로 나누기도 한다. 하지만 이 모든 탐구에서 공통된 원리는 그것이 지도라 할 수 있으려면, 대상을 정확하게 그려야 된다는 것이다. 그것이 지도의 존재 이유이기 때문이다. 나는 역사도 마찬가지라고 생각한다.

에드워드 카는 역사를 "과거와 현재의 대화"라고 규정했지만, 과거는 자료를 통해 자신을 보여 줄 뿐 논쟁할 수는 없는 데 반해, 현재의 우리는 이런저런 논리로 자신을 주장할 수 있기 때문에, 그 대화는 현재의 일방적 독백이 될 가능성이 크다. 에드워드 카 이후 역사 주관주의자들의 목소리가 더욱 크게 들렸던 것은 바로 이런 배경에서 포스트모더니즘이 유행했기 때문이다. 이 책에서 나는 현대의 인식론적 논의에 근거해서, 역사를 만들어 낸 이야기로 보는 역사주관주의를 비판하면서 역사를 과거의 재현으로 보는 역사객관주의를 정당화하려고 한다.

역사에서 사관은 언제나 논쟁의 핵심이 된다. 역사이해는 다양한 사실들을 함께 묶는 작업이 필수적이기 때문에 사관이 필요불가결하다는 논리 위에서, 나는 사관을 역사세계를 바라보는 통일적 관점으로 규정하고, 사관 없는 역사 서술은 맹목이고 객관성 없는 사관은 공허하다는 주장을 전개하려고 한다. 동시에 자신이 선택한 사관을 절대적 진리로 생각하고 다른 사람의 사관은 모두 잘못되었다고 배척하는 태도나, 모든 사관은 동일한 값을 갖기 때문에 어떤 사관이 옳고 그른지는 판단할 수 없다는 상대주의를 모두 비판적으로 검토하면서, 사관은 역사를 설명하는 실재론적 가설이며 설명력에 의해 그것의 진위와 우열을 가릴 수 있음을 밝히려고 한다.

세계화를 어떻게 규정할 것인지도 오늘의 역사적 현실을 이해하는 데 필수적이다. 여러 사람들이 문명의 충돌이나 공존을 이야기한다. 나는 이런 이론들의 근거를 문명사의 관점에서 비판하면서 문명의 융합 모델을 제시하려고 한다.

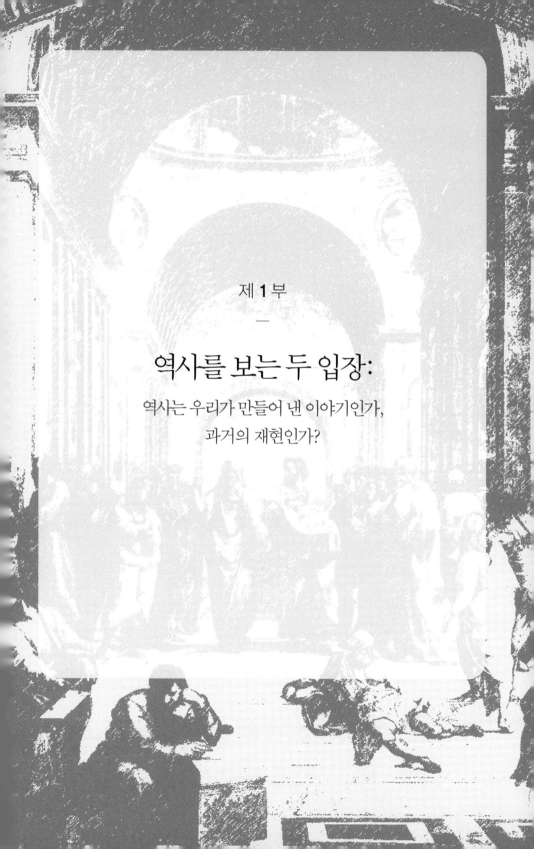

제 1 부

—

역사를 보는 두 입장:

역사는 우리가 만들어 낸 이야기인가,
과거의 재현인가?

역사를 보는 다양한 관점들이 있겠지만 인식론적으로 보면 크게 두 가지로 양분된다. 하나는 역사란 우리가 만들어 낸 이야기로 보는 역사주관주의이고, 다른 하나는 역사를 과거의 재현으로 보는 역사객관주의이다. 이 두 입장을 둘러싸고 전개되는 논의는 역사서술이 사실의 발견인가, 아니면 허구의 창작인가 하는 것으로, 이것은 역사인식론의 가장 핵심적인 문제이다.

1부에서는 역사에 대한 개괄적인 예비설명을 한 후, 역사주관주의와 역사 객관주의를 논의한다. 역사주관주의에서는 대표적인 세 이론, 즉 현재주의, 실용주의, 포스트모더니즘을 검토한다. 역사객관주의에서는 고전적 객관주의를 논의한 후, 역사주관주의의 비판에 대응하는 객관주의의 새로운 모색을 논의한다.

1장. 역사란 무엇인가?

우리에게 고전으로 알려진 『역사란 무엇인가』에서 에드워드 카는 역사를 "과거와 현재의 대화"라고 규정했다. 에드워드 카는 물론 역사를 있었던 그대로의 과거를 드러내는 것으로 규정한 레오폴드 폰 랑케의 과학주의와 역사를 역사가의 해석으로 보는 로빈 콜링우드(Robin George Collingwood, 1889-1943)의 현재주의를 균형 있게 종합하면서 이런 주장을 한 것이지만, 역사에 관한 그 후의 논의 방향은 역사주관주의 쪽으로 심하게 기울어지고 말았다.[01]

나는 역사를 지도로 규정하려고 한다. 쓰여진 역사는 과거 세계의 지도다. 지도의 임무는 대지의 모양새와 상태를 정확하게 그려서 보여 주는 것이다. 우리는 최대한 정확한 지도를 그리려고 한다. 잘못 그려진 지도는 쓸모는커녕 오히려 해악이 되기 때문이다.

1. 과거, 기록, 재구성은 '역사'의 세 핵심어다

'역사'라는 말을 들었을 때, 우리의 머릿속에 가장 먼저 떠오르는 것은 무엇인가? 물론 모든 사람들의 생각이 꼭 같을 수야 없겠지만, 아마 대다수의 사람들은 지나간 과거나 과거의 기록을 연상하지 않을까 생각된다. 나는 여기에 재구성이라는 개념을 첨가하여 과거와 기록, 그리고 재구성을 '역사'라는 말과 가장 밀접하게 연관되는 세 개의 키워드로 규정하고자 한다. 내가 이들을 함께 묶어 말하는 것은 이들이 시차를 두고 상호 밀접하게 연관되어 있기 때문이다.

　현재 우리가 직접 확인할 수 있는 것은 기록이다. 그런데 그 기록은 과거 일어났던 일의 기록이다. 기록은 일어난 모든 일의 기록이 아니기 때문에 단편적일 수 있다. 이런 기록을 통해 과거의 일을 되살리는 것이 재구성이다.

　우리가 시간을 과거, 현재, 미래로 나눈다면, 과거는 지금 존재하지 않고 흘러가 버린 시간이다. 시간은 강물과 같이 흐른다. 같은 강물에 두 번 들어갈 수 없듯 시간을 멈추게 하거나 되돌릴 수는 없다. 흐르는 시간은 일어난 모든 사건들을 휩쓸어 가 버린다. 기록은 이런 흐름을 기록자의 차원에서 멈추게 하는 작업이다. 기록이 없다면, 우리는 과거를 알지 못한다. 기록은 우리가 과거로 여행하는 통로와도 같다. 기록이 전혀 없는 상태에서도 과거를 상상할 수는 있겠지만, 그런 상상이 어떤 객관성을 가질 수는 없다.

　어린 시절의 사진을 보면서 우리는 과거를 회상한다. 사진은 시간의 흐름을 멈추게 했다는 점에서 일종의 기록이다. 물론 엄격한 의미의 기록은 문자로 쓴 것이지만, 그림이나 도형 같은 것도 넓은 의미에서는 기록으로 부를 수 있다. 또한 문자가 발명되지 않아 문자로 기록할 수 없었던 선사시대에도, 생활도구라든가 집터라든가 화석 같은 것은 남겨져 있다. 이것들도 과거에 이르는 통로들이다. 거대한 공룡의 화석을 보고, 그 옛날에 거대한 공룡이 살았음을 추측한다. 그렇지만 문자로 기록한 것이든, 유물이든 시간이 지나면서 많은 것들이 파괴되고 사라진다. 이들은 전쟁의 와중에 불타 버리기도 하고, 별로 가치 없는 것으로 취급되어 버려지기도 하고, 기록물 자체가 풍화되어 없어지기도 한다. 물론 많은 것들이 가치 없는 것으로 인식되어 처음부터 기록되지도 않았다. 그러므로 지금 우리가 가지고 있는 기록들이란 과거에 대한 극히 단편적인 조각들에 불과하다. 이런 단편적 조각들을 잘 짜 맞추어 전체 모습을 만드는 작업을 재구성이라 한다. 이것은 흡사 몇 개의 그림 조각으로 그림 전체를 만드는 작업과도 같은 것이라 할 수 있다. 역사에서 재구성 작업이 필요한 것은 조각만으로는 의미 있는 과거가 드러나지 않기 때문이다. 그러므로 우리는 역사를 과거의 기록에 기반한 재구성이라 부를 수 있다.

이제 과거에 대해 다시 한 번 생각해 보자. 과거는 이미 존재하지 않는다. 우리가 시간을 과거, 현재, 미래로 나눌 때, 실제 존재하는 것은 현재뿐이다. 과거는 지나가 버렸기에 계속 존재한다고 할 수가 없다. 미래는 아직 오지 않았기에 역시 지금 존재한다고 할 수가 없다. 엄격히 말하면 과거는 우리의 기억 속에 존재하고, 미래는 우리의 기대 속에 존재한다고 해야 한다. 오직 현재만이 존재한다.[02]

그렇지만 현재란 얼마만큼의 길이인가? 이에 대한 일반적인 기준을 논의하기는 힘들고, 우리가 어떤 맥락에서 이야기하느냐에 따라 현재의 길이는 달라진다. 올림픽 수영 경기에서는 100분의 1초까지도 잴 수 있지만, 일상생활에서는 하루를 현재로 친다. 역사에서는 한 세대를 기준으로 하여 최근 30년간을 동시대라 보고, 3세대 정도의 100년을 현대라 보기도 한다. 그렇지만 변화의 속도가 빠른가 느린가에 따라 다르게 볼 수도 있겠다. 이런 규정은 어떤 고정된 잣대가 있다기보다 편리성이 문제의 핵심이기 때문이다. 지질학 같은 학문에서는 지질학에서 다루는 의미 있는 변화를 기준으로 삼다 보니 훨씬 긴 기간을 현재라 부른다.

현재에도 사건은 끊임없이 발생하고 역사는 진행되고 있기 때문에, 동시대의 역사를 쓸 수도 있다. 그렇지만 동시대의 역사를 쓰는 것은 과거의 역사를 쓰는 것과는 다른 난점들을 갖는다. 먼저 살아 있는 세대의 역사는 그들이 아직 활동하고 있으므로 이들의 활동을 단정적으로 정리하기가 힘들다. 더 나아가 역사가도 이들과의 이해관계가 얽힐 수 있어 역사를 객관적으로 쓰기가 어려울 수 있다. 예컨대 짓고 있는 집에 대해 좋고 나쁘고를 평가하는 것은 합리적이지 않다. 역사를 보통 과거의 역사로 규정짓는 것은 이런 이유 때문이다.

그렇다면 역사는 과거의 어디까지 다루어야 하는가? 이 문제도 우리가 누구의 역사를 문제 삼고 있느냐에 따라 달라질 수 있다. 내 개인의 역사가 문제된다면, 내가 태어났을 때의 상황과 나를 태어나게 한 나의 부모님 정도까지 거슬러 올라가면 될 것이고, 내가 속한 민족이 문제가 된다면 적어도 민족이 형성되던 시기까지는 거슬러 올라가야 할 것이다. 만약 인류의 역사가 문제된다면 인간이란 종이 탄생되던 시기까지 소급해 갈 수밖에 없을 것이다. 그렇지만 인간이란 종도 다른 영장류들과의 연관성 속에서 파악할 때 제대로 이해될 수 있다고 보면, 어쩌면 지구상의 생명의 탄생시기나 우주의 탄생시기까지도 알아야 할지 모른다. 최근의 거대 역사(Big History)는 이런 입장을 취한다.

빅뱅이론에 의하면 우주의 탄생은 약 137억 년 전쯤의 일이고, 태양은 약 47억 년 전에, 그리고 지구는 약 45억 년 전쯤 생겨났다. 불덩어리 지구가 식으면서 생명이 탄생한 것은 화석의 기록으로 보면 대략 34억 년 전이다. 긴 진화의 과정에서 두 발로 걷는 영장류가 나타난 것은 600~700만 년 전쯤의 일이고, 현생인류의 직접적 조상인 호모 사피엔스(슬기인)가 출현한 것은 약 25만 년 전쯤의 일이며, 그 아종인 우리와 같은 현생인류인 호모 사피엔스 사피엔스(슬기슬기인)는 대략 5만 년 전쯤에 등장한 것으로 추정하기도 한다. 고고학적 지식은 새로운 자료의 발굴에 의해 많이 바뀌고 있어서 이런 추정도 정확하지는 않지만, 어쨌든 현생 인류라 해도 문명사회로 들어온 것은 극히 최근의 일이다.

산업혁명, 정보혁명과 함께 문명의 3대 혁명의 하나이며, 인류 최초의 혁명이었던 농업혁명은 대략 일만 년 전에 시작된 것으로 추측된다. 말하자면 자연 상태 속의 수렵채취에서 씨를 뿌려 농사를 짓고, 수확을 해서 생활하는 일은 대략 일만 년 전부터 시작된 것이다. 한 인간의 수명을 100년으로 본다 할 때, 만 년은 100년의 100

수메르 문명의 쐐기문자와 중국 은나라의 갑골문자

배가 되고, 세대로 치면 330세대가 넘는 긴 세월이지만, 인류의 장구한 역사에서 보면 순간에 불과하다.

농경생활이 시작되면서 경작지를 중심으로 사람들이 모여 살게 되고, 넓은 들판에는 도시가 탄생하게 되었다. 도시의 탄생은 농경생활이 시작된 지 3000~4000년이 지난 후의 일이었다. 사람들이 도시를 이루어 집단적으로 생활하면서, 상호 간의 의사소통을 원활하게 하기 위해 문자가 발명되었다. 많은 사람들이 모여 살다 보면, 약속도 해야 하고, 명령도 내려야 하고, 계약도 해야 할 필요가 있다. 물론 문자 이전에 말은 있었지만, 말은 순간적으로 사라진다. 지배자가 집단 구성원들에게 어떤 명령을 내린다고 해보자. 문자가 없는 상태에서는 말로 할 수밖에 없다. 말은 멀리 있는 사람에게는 들리지 않는다. 다른 사람을 시켜 명령을 전달한다 해도, 복잡한 명령일 경우 왜곡되기 쉬울 것이다.

문자는 이 모든 난점들을 한꺼번에 해결해 준다. 많은 역사가들이 도시의 탄생과 문자의 발명을 문명사회의 기준으로 삼는 것은 이런 이유 때문이다. 문자의 발명과 더불어 기록은 본격적으로 시작되었다고 할 수 있다. 역사시대가 시작된 것이다. 약 6천 년 전의 일이다. 기록은 기록자의 입장에서 보면 변화를 정지시키는 일일 뿐만 아니라 자세한 부분까지 남기는 일이다. 문자가 발명되기 전에도 사람들은 동굴의 벽에다 그림을 그렸다. 소, 사슴 등의 동물을 그리기도 했고, 우리나라 울주군 반구대 암각화에는 고래사냥을 하는 모습이 바위에 그려져 있다. 어떤 것은 너무나도 생동감 있게 그렸고, 예술성에서 뛰어나기도 하다. 그렇지만 이런 그림들은 기록이라는 측면에서는 문자의 기록과 비교하여 너무나 개괄적이고, 부정확하다. 고래사냥 암각화를 보고 이런 사냥을 했다는 기록으로

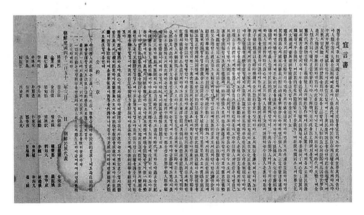

독립선언서
출처: 국립중앙박물관

볼 수도 있지만, 이런 사냥을 하고 싶은 욕망을 표현했다고 해석할 수도 있다. 또 누가 언제 이런 사냥을 했는가는 막연히 추측할 뿐이다. 얼마 전 중국의 돈황석굴의 벽화에서 두건을 쓴 고대 신라인과 고구려인의 그림이 확인되어 다양한 해석의 가능성을 열어 놓고 있다.

문자가 발명되었다고 해도 고대의 문자들은 현재 우리들이 사용하고 있는 문자가 아니다. 인류 최초의 문자는 메소포타미아 문명의 쐐기문자였다. 당시에는 종이가 발명되기 전이므로 진흙덩이에다가 문자로 기록하여 말렸다. 나중에 나뭇잎이나 대나무를 사용하기도 했고, 파피루스나 양가죽에 기록하기도 했다. 종이는 훨씬 나중에 만들어졌다.

고대로 거슬러 올라갈수록 남겨진 기록이 적기 때문에, 몇 안 되는 단편을 가지고 과거의 전체상을 재구성하는 작업은 힘들어진다. 동일한 자료를 가지고도 서로 다르게 재구성할 수 있는 여지가 커진다. 뿐만 아니라 문자나 말은 시대의 변화에 따라 진화하기 때문에, 옛날의 기록은 오늘날 우리가 사용하는 언어의 의미로 해석하는 작업이 필요하다. 재구성은 이런 해석의 작업까지도 포함한다. 예컨대 신라 시대의 향가는 아직도 해석의 대상이 되고 있다. 그렇게 오래된 문헌이라고 할 수도 없는 '훈민정음'이나 '3.1 독립선언서'도 그 뜻을 분명하게 하기 위해서는 현대적 번역이 필요하다.

2. 역사는 과거의 지도다[03]

'역사'라는 말은 두 가지 의미로 사용된다. 하나는 지나간 과거의 세계를 의미하며, 다른 하나는 그 과거세계에 대한 기록을 의미한다. 통상 '역사'라고 말할 때에는 그것이 일어난 사건을 가리키기도 하고, 그 사건에 대한 기록을 가리키기도 한다. '역사'라는 말이 두 가지로 사용되는 것은 두 의미가 상호 긴밀하게 연관되어 있기 때문이다. 즉 '쓰여진 역사'는 '일어난 역사'를 반영한다고 할 수 있다. '쓰여진 역사'가 '일어난 역사'를 사실 그대로 반영해 주지 못한다면, 그것은 참된 역사라고 할 수는 없을 것이다. 나는 그것을 지도에 비유할 수 있다고 생각한다. 지도의 목적은 대지의 상태를 있는 그대로 그려서 보여 주는 것이다. 잘못 그려진 지도는 쓸모가 없다. 현실이 아니라 상상 속의 어떤 지역을 그린 지도가 있다면, 그것은 지도라기보다는 예술이라고 해야 할 것이다.

우리는 최대한 정확한 지도를 그리려고 한다. 이것이 지도의 존재 이유이기 때문이다. 한반도의 지도를 생각해 보라. 삼국 시대, 고려 시대에도 한반도의 지도를 그렸다는 기록이 있다. 지금 존재하는 우리나라 최초의 세계지도는 1402년에 제작한 혼일강리역대국도지도(混一疆理歷代國都之圖)이다. 그 당시 사람들은 이 지도가 매우 정확하다고 믿었음에 틀림없다. 당시의 기술적 관점에서는 확실하다고 생각되었기 때문이다. 그렇지만 조선시대 김정호의 대동여지도와 비교하면, 차이가 많이 난다. 물론 김정호의 대동여지도도

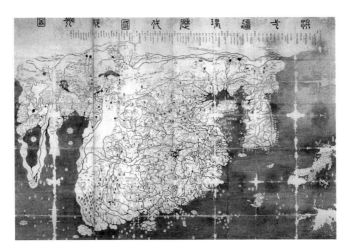
혼일강리역대국도지도(태종 2, 1402)

현대의 첨단기술로 그린 지도에 비하면 정확도에서 많이 떨어진다. 이것은 정확한 지도 그리기가 매우 어려운 일임을 의미한다. 지도를 제대로 그리기 위해서는 전문지식을 습득해야 하고, 오랜 경험을 쌓아야 한다. 지도 제작자가 지켜야 할 여러 규칙과 지도의 타당성을 검토하는 인식론의 여러 문제들이 발생하는 것은 지도의 제작이 단순하지 않기 때문이다.

만약 누군가가 정확한 지도를 그리기가 쉽지 않다고 해서, 또 과거의 지도들이 모두 엄밀한 의미에서 정확하지 않다고 해서, 정확한 지도를 추구해서는 안 된다고 주장한다면, 그의 주장을 합리적이라고 할 수 있을까? 오히려 우리는 그를 자신의 임무를 망각한 사람으로 규정해야 할 것이다. 과거를 있었던 그대로 재현하기가 어렵다고 해서 객관적 역사란 존재할 수 없다고 주장하거나, 주관적 역사만이 가능하다고 강변한다면, 그를 과연 역사가라 할 수 있을까?

사극을 역사로 오인하는 경우가 많다. 예를 들어 한때 인기가 대단했던 사극 〈선덕여왕〉에 등장하는 '미실'이라는 여자의 존재 자체가 정사에는 없다. 가상인물을 극에 투입하여 극적인 재미를 살린 것이다. 야사에 '미실'이라는 인명은 보이지만, 그 야사가 정확한 역사적 기록이라고는 보기 어렵다. 사극을 쓴 작가가 실제 실존했던 인물처럼 꾸며 내어 흥미를 유발한 것이다. 그런데 일반 청중들은 그 드라마를 시청하고 고대 신라시대에 미실이 있어 신라 왕궁을 혼란으로 이끌었다는 허구를 사실로 받아들이기도 한다. 이는 역사가 아니다. 이런 혼란 때문에 요즘에는 사극을 내보낼 때 자막으로 이 드라마의 내용은 역사적 사실을 기반으로 각색한 것이라는 문구를 넣어야 된다는 주장들도 제기되고 있다. 이를 온전한 역사로 받아들여서는 안 되기 때문이다.

3. 역사는 세 종류로 나누어진다

기록으로서의 역사는 근원적 역사, 반성적 역사, 철학적 역사로 분류될 수 있다.[04]

근원적 역사(Oiginal History)는 누군가가 직간접적으로 목격하거나 체험한 사건들을 기록한 것이다. 물론 누구든 모든 사건을 직접 목

헤로도토스의 『역사』

격할 수는 없기 때문에 간접적인 목격담 가운데 근거가 있는 것으로 확인된 것들은 이에 속한다. 서양에서는 헤로도토스(Herodotos)나 투키디데스(Thucydides)가 쓴 역사가, 동양에서는 사마천이나 왕조실록의 기록들이 모두 이런 종류의 역사이다.

조선왕조실록은 태조부터 철종까지 25대 472년에 걸쳐 총 1893권 888책으로 간행되었다. 실록은 국가의 관료인 사관이 승지와 함께 왕의 옆에서 국정에 관한 모든 사항을 기록한 것이다. 사관이 기록한 초고를 사초(史草)라 했다. 사관은 직필을 생명으로 삼았다. 실록은 초초(初草), 중초(中草), 정초(正草)의 3단계를 거치면서 편찬되었다.

이러한 전통은 왕의 권력을 견제하는 가장 강력한 기제였다. 오늘날의 상황에서 보면 사관의 눈은 집의 곳곳에 설치한 CCTV와 같은 기능을 했다고 할 수 있다. 비록 왕이라도 사초나 원전을 보거나 고칠 수 없었기에 사관 앞에서는 긴장할 수밖에 없었다. 왕이 두려워하는 것은 하늘과 역사뿐이라는 말이 있었지만 하늘은 상징적 의미를 가질 뿐이니 실제로 왕이 가장 두려워한 것은 역사였던 셈이다.

사초를 둘러싸고 생긴 필화 사건이 조선시대 최초의 사화인 무오사화다. 영남학파의 종조격인 김종직이 세조의 왕위찬탈을 은유적으로 비판한 글인 조의제문을 그의 제자인 사관 김일손이 사초(史草)에 적어 넣은 것이 발단이 되었던 것이다.

두 번째 역사가 반성적 역사(Reflective History)이다. 반성적 역사는 근원적 역사의 자료들을 기초로 보통 통사 형식으로 쓰는 역사이다. 예컨대 내가 매일 일기를 쓴다고 해보자. 일기는 나에게 일어난 중요한 일들의 기록일 것이다. 나이가 들어 내가 자서전을 쓴다

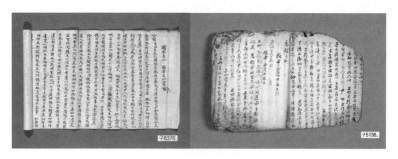

실록과 승정원일기
출처: 국립중앙박물관

고 할 때, 이 일기들을 기초로 하여 자서전을 쓸 수밖에 없을 것이다. 이런 상황에서 일기는 근원적 역사에, 자서전은 반성적 역사에 해당된다고 할 수 있다. 물론 나의 자서전도 내가 살았던 한 시대의 역사라는 큰 틀에서는 근원적 역사에 속한다고 할 수 있지만, 적어도 나에 국한해서 본다면 근원적 역사와 반성적 역사는 그런 식으로 나눌 수 있겠다. 과거의 기록들을 토대로 지나간 시대의 역사를 재구성하는 역사서들은 대체로 반성적 역사에 속한다.

세 번째 역사가 더욱 본질적이고 포괄적인 관점에서 쓰는 철학적 역사(Philosophical History)이다. 이것은 철학자가 자신의 철학적 관점에서 역사를 해석하고 쓰는 역사이다. 게오르크 헤겔이 쓴 『역사철학』이나 칼 야스퍼스가 쓴 『세계사의 기원과 목표』가 철학적 역사의 실례들이다. 헤겔은 자신의 절대적 관념론의 철학을 바탕으로 이성이 역사를 지배한다는 입장에서 세계사를 서술했다. 야스퍼스도 정신의 각성이라는 실존주의 철학의 입장에서 선사시대, 고대의 고도 문화시대, 차축시대, 과학기술시대라는 네 시기를 통해 인류사를 서술했다. 함석헌의 『뜻으로 본 한국사』도 종교철학적 관점에서 한국사를 해석한 것이다.

4. 왜 역사를 알려고 하는가?

'나는 누구인가'라는 나의 정체성을 알려면 내가 어디서 왔는가라는 과거에 대한 명확한 지식을 가져야 한다. 고대 희랍의 철학자 아리스토텔레스는 "인간은 사회적 존재다."라는 말을 했다. 우리가 로빈슨 크루소처럼 혼자서 살 수 없고, 타인과 더불어 살 수밖에 없다는 상황은 인간이 사회적 존재라는 것을 보여 준다.

우리가 기억을 상실하면 내가 누구인지 모르게 된다. 내 정체성을 확보하는 기반은 나의 기억이다. 이런 맥락에서 인간은 역사적 존재라고 말할 수 있다. 인간은 역사적 존재이기 때문에 내가 누구인가에 대해 알기 위해서는 흘러온 과거를 정확하게 이해해야 한다. 말하자면 나는 누구인가라는 물음에 대해 답을 추구하려면 역사를 거슬러 올라가야 한다. 여기서 우리가 왜 역사를 배워야 하는지에 대한 답이 내려진다. 나를 알기 위해서다.

왜 모든 나라는 국사를 교육의 필수과목에 포함시키고자 하는가? 그것은 자기나라의 역사를 배운 사람과 배우지 않은 사람의 경우, 자기나라를 보는 관심도나 애착이 다르게 형성되기 때문이다. 우리 모두가 가지고 있는 근본적인 질문은 다음과 같은 것이다. 나는 어디서 왔는가? 나는 어떤 존재인가? 나는 어디로 가는가? 이것은 자신의 정체성에 대한 질문이다. 각국이 국사 교육을 강화시키고, 필수과목으로 만들고 하는 일들은 국민의 정체성을 길러 주기 위해서다. 예컨대, 한국인은 누구인가 하는 질문은 한국의 역사를 알아야 답할 수 있는 물음이다.

기억 상실증에 걸린 환자의 이야기는 역사의 필요성에 대해 좋은 시사점을 던져 준다. 기억은 생물체가 살아가면서 경험한 것을 뇌의 특정한 부위에 저장해 두었다가 필요할 때 끄집어내어 사용하는 정신능력이다. 내가 누구인가 하는 정체성은 바로 기억에 바탕을 두고 있다. 그러므로 어떤 원인으로 인해 기억상실증에 걸리면 자신의 정체성을 상실하게 된다. 〈메멘토〉를 비롯한 여러 영화에서도 이 문제를 다루고 있다.

기억이 상실되면 '나의 정체성도 사라진다'는 사실을 헨리 몰래슨의 예가 잘 보여 준다. 헨리 몰래슨은 간질병을 치료하기 위해 뇌수술을 받았는데, 수술 후 수술 전의 일은 기억하지만 수술 이후의 삶은 전혀 기억하지 못하게 되었다. 그 이유는 수술할 때 기억을 담당하는 해마까지도 제거했기 때문이다. 당시에는 물론 해마가 기억을 담당한다는 사실을 알지 못했다. 몰래슨은 수술 후 죽을 때까지 그 전날 일어났던 일을 기억하지 못했다. 이 때문에 자신이 왜 병원에 있는가 하는 질문을 매일 반복했다고 한다.[05]

5. 역사주관주의와 역사객관주의는 구별된다[06]

나는 앞에서 과거, 기록, 재구성을 역사와 관련되는 세 핵심어로 들었다. 역사는 주관적 체험의 시간이 아니라 객관적·물리적 시간을 기준으로 삼기 때문에, 과거의 시간 길이가 역사가에 따라 다르다고 하기는 어렵다. 기록의 진위와 어떤 기록을 1차적 자료로 볼 것인지 2차적 자료로 볼 것인지가 하는 문제로 역사가의 의견은 갈라지기도 한다. 그렇지만 결정적인 대립은 재구성에서 나타난다.

재구성은 우리에게 남겨진 단편적 조각들로 전체를 짜 맞추는 퍼즐풀이에 비유될 수 있다. 이때 조각들을 서로 다른 식으로 짜 맞출 수도 있지만 이보다 더욱 근본적인 대립이 있다. 말하자면 이런 재구성 자체를 과거의 재현으로 보는 역사가와 과거의 재현이 아니라 현재의 우리에게 의미 있는 것으로 보이는 '과거'라는 세계를 창조하는 것으로 이해하는 역사가가 있다. 재구성의 의미가 완전히 달라지는 것이다. 우리는 전자를 역사객관주의라 부르고, 후자를 역사주관주의라 부른다.

역사객관주의는 과거의 세계가 객관적으로 존재하고, 우리는 이를 드러낼 수 있다고 보는 입장이고, 역사주관주의는 과거는 이미 존재하지 않고, 우리는 과거와는 다른 상황 속에 있기 때문에, 과거를 있었던 그대로 재구성하는 것은 불가능하다고 보는 입장이다. 역사세계를 바라보는 다른 입장들도 있지만, 대체로 이 두 입장의 다른 변형에 불과하다.

현대적 사조에서는 기존의 역사적 주관주의에 포스트모더니즘이 더해지면서 상대주의가 상당히 우세한 입장을 보이고 있다. 다시 말해서, 역사의 주관주의적 해석이 더욱 유행하고 있다고 말할 수 있다.

역사객관주의는 다음과 같은 명제들로서 정식화할 수 있다.[07]

1) 일어난 사건들 그 자체로서의 역사세계는 우리의 인식 이전에 이미

어떤 형태로든 완성되어 있다. 이런 의미에서 역사세계는 완전히 객관
적으로 존재한다.

2) 역사 세계를 기술하는 진술들은 존재했던 그대로의 사실을 드러낼
때만 참이다.

이런 명제들을 좀 더 자세히 설명해 보자. 역사세계가 완전히 객
관적으로 존재한다는 것은 사건들이 우리의 인식 주관과는 관계없
이 존재한다는 것을 의미한다. 이것은 존재론적 명제이다. 예컨대
우주에는 이천억 개가 넘는 은하계가 존재한다는 것을 천문학의 발
달에 힘입어 최근에야 우리가 알게 되었다고 할지라도, 우리의 인
식과는 관계없이 오래전부터 은하계가 존재해 왔던 것은 의심의 여
지가 없다는 것이다. 이러한 태도는 우리의 상식과도 일치한다. 상
식적으로 우리는 우주의 수많은 행성에서 우리가 알지 못하는 수없
는 사건들이 일어난다는 것을 짐작할 수 있다. 우리가 그것을 알지
못한다 해서 그것들이 존재하지 않는다고 말하지는 않는다.

동시에 이 명제는 시간의 존재론에서 현재뿐만 아니라 과거도 존
재한다는 주장을 함축한다. 아우구스티누스를 비롯한 많은 사람들
이 현재만이 존재하고, 과거는 우리의 기억 속에, 그리고 미래는 우
리의 기대 속에 존재한다고 주장했다. 이런 주장은 엄밀히 말하면
과거와 미래는 객관적으로는 존재하지 않는다는 것이다. 우리는 기
억을 상실할 수도 있고, 미래를 기대하지 않을 수도 있기 때문이다.

역사객관주의는 이에 반해 현재뿐만 아니라 과거도 우리의 의식과는 관계없이 존재한다고 주장한다. 과거의 존재를 부정하면 역사객관주의는 존립할 수 없게 된다.

두 번째 명제는 역사적 진리에 관한 인식론적 명제이다. 이것은 진리의 대응 이론을 역사적 명제에 적용한 것이다. 진리의 대응 이론에 의하면, 존재하는 것을 존재한다고 하고, 존재하지 않는 것을 존재하지 않는다고 말할 때 우리의 주장은 참이 된다. 또한 거꾸로 존재하지 않는 것을 존재한다고 하고, 존재하는 것을 존재하지 않는다고 한다면, 그런 주장은 거짓이 된다. 예컨대 누군가가 한글은 1442년에 창제되었다고 한다면 그 주장은 참이 되고, 1942년에 창제되었다고 한다면 그 주장은 거짓이 된다. 또한 누군가가 B.C. 49년에 율리우스 카이사르가 루비콘 강을 건넜다고 말한다면 그 주장은 참이지만, A.D. 49년에 율리우스 카이사르가 루비콘 강을 건넜다고 말한다면 그 주장은 거짓이 된다.

그렇지만 여기에는 두 가지 난점이 있다. 하나는 역사탐구에는 주관의 선입견이나 편견이 반드시 개입한다는 것이고, 다른 하나는 역사를 보는 관점, 즉 역사관이 역사인식에서 어떤 영향력을 행사한다는 것이다. 역사객관주의는 이런 난점들을 어떻게 극복하려고 하는가? 우리가 어떤 편견이나 선입견을 가지고 사물을 볼 때, 사물을 있는 그대로 보지 못한다는 것은 잘 알려진 사실이다. "남의 밥의 콩이 크게 보인다"거나 "부처 눈에는 부처만 보인다"는 속담은 이런 현상을 잘 보여 준다. 우리가 객관적 진리에 도달하기 위해서는 이런 선입견과 편견을 어떤 방식으로든 통제, 조정할 수 있어야 한다.

옛날부터 편견이나 선입견은 진리에 이르는 길을 가로 막는 최대의 장애물로 인식되었다. 베이컨의 네 가지 우상론은 이런 편견의 제거가 얼마나 중요한가를 강조한 것이다. 통제나 조정의 가장 강력한 형태는 이들을 제거해 버리는 것이며, 조금 완화된 형태는 이들의 영향력을 극소화하는 것이다. 역사객관주의는 인간이 이성적 존재인 한 상호비판에 의해 이런 통제나 조정이 가능하다고 주장한다. 동시에 사관의 차이에도 불구하고 상호비판과 사관의 종합을 통해 역사의 객관적 재구성은 가능하다고 주장한다.

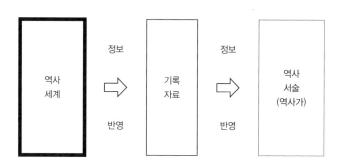

실재론적 역사인식: 과거가 중요하다

반면에 역사 주관주의는 매우 다른 주장들로 정식화된다.[08]

1) 역사세계는 우리가 구성한 결과물이다.

2) 역사적 진술들이 참이 되는 것은 어떤 개념체계나 패러다임 안에서만 가능하다.

첫 번째 명제는 상식으로 보면 말이 안 되는 주장이다. 구성이란 우리가 만든다는 의미이다. 그렇다면 역사의 구성이란 과거를 우리가 만든다는 이야기가 되니, 말이 안 되는 소리 같아 보인다. 과거를 어떻게 우리가 함부로 이렇게 저렇게 만들어 낸단 말인가?

그렇지만, 역사주관주의는 과거가 우리에게 알려질 때는 이미 현재 우리의 이해의 틀 속에 들어와야 한다는 사실을 지적한다. 그러므로 우리가 아는 과거는 우리가 구성한 것이나 다름없다는 것이다. 물론 우리는 우리에게 알려지지 않은 과거세계가 존재한다는 것을 주장할 수 있겠지만, 역사주관주의는 그 내용이 전혀 알려지지 않은 X가 존재함을 인정한다고 해도 실제로 무슨 의미가 있느냐고 반문한다. 뿐만 아니라 역사주관주의자는 대체로 과거의 존재 자체를 부정하면서 현재만이 존재한다고 본다.

두 번째의 인식론적 명제는 지식사회학의 입장을 대변한다. 지식사회학은 지식의 발생이나 정당성을 사회적 맥락에서 설명하려는 것이다. 지식 사회학의 창시자인 칼 만하임은 우리가 자라 온 사회적 배경이 다르면 동일한 사물이라도 다르게 인식할 수밖에 없다고 주장한다. 같은 맥락에서 마르크스는 프롤레타리아와 부르주아는 그들의 경제적 배경이 다르기 때문에 세상을 제각각 다르게 인식할 수밖에 없다는 논리를 편다. 20세기 루드비히 비트겐슈타인의 언어공동체 이론이나 토마스 쿤의 패러다임 이론도 같은 논리의 선상에 있다. 말하자면, 이들은 지식사회학의 현대판 이론들이다.

이런 논리에서 보면 우리가 어떤 역사적 진술들에 대해 참과 거짓을 주장할 수 있는 경우란 동일한 언어공동체나 동일한 패러다임 하에서만 가능하다고 해야 한다. 말하자면 언어공동체나 패러다임이 다르면, 참과 거짓을 공유할 수 없다는 것이다.

이런 상황은 우리가 언제나 오목렌즈의 안경이나 볼록렌즈의 안경을 쓰고 사물을 볼 수밖에 없는 상황과 흡사하다. 우리가 이런 안경을 통해서만 사물을 볼 수밖에 없다면, 우리가 아무리 정확하게 사물을 인식하려 해도, 사물은 항상 굴절되어 나타날 수밖에 없을 것이다. 역사주관주의의 입장에서 보면 우리가 어떤 관점이나 입장을 취하느냐에 따라 역사는 서로 달리 해석될 수밖에 없다는 결론에 이른다.

반실재론적 역사인식: 현재가 중요하다

　전체적으로 볼 때, 역사객관주의는 과거를 있었던 그대로 재현시키고자 하는 의욕은 높게 살 만하지만, 이를 구체적으로 어떻게 실현할 것인가 하는 방법론의 문제가 해결되지 않는다면 소위 고상한 꿈에 불과할 것이다. 말하자면, 역사주관주의가 제기하는 문제들에 대해 명확한 대답을 내놓는 것이 필요하다. 반면에 역사주관주의는 상대주의의 극복 문제가 중심 과제로 떠오른다. 상대주의를 극복하지 못하면 우리는 회의주의로 빠질 수밖에 없고, 회의주의로는 어떤 문제도 적극적으로 해결하기는 힘들 것이다. 당신은 당신대로 나는 나대로 역사를 해석하고, 누구의 해석이 맞는지를 판단할 수 없는 상태에 우리는 만족할 수밖에 없는 것인가?

　나는 다음 장부터 역사주관주의와 역사객관주의를 더욱 구체적으로 살펴보면서 이들의 장단점을 비교 검토할 것이다.

2장. 역사는 우리가 만들어 낸 이야기다

　주관(Subject)과 객관(Object)은 한 쌍이 되어 철학사에서 긴 세월동안 인식론적 논의의 핵심어로 자리매김해 왔다. 주관은 인식하는 주체를, 객관은 주관에 맞서는 대상을 가리킨다. 우리는 있는 그대로 대상의 성질이나 구조를 파악한 지식을 객관적 지식이라 부르고, 주관의 편견이나 선입견 때문에 대상을 제대로 파악하지 못하고 왜곡한 지식을 주관적 견해라 한다. 이런 기준에서 보면, 객관적 지식만이 참된 지식이 된다. 대상을 존재하는 그대로 드러내기 때문이다. 반면에 주관적 견해는 참된 지식이 아니다. 대상을 있는 그대로 드러내지 못했기 때문이다.

　2장에서는 역사주관주의의 대표적인 이론으로 현재주의, 실용주의, 포스트모더니즘의 역사이론을 다룬다. 이들은 다 같이 역사란 우리의 구성물이라는 역사주관주의를 주장하지만, 이런 주장의 논리적 근거에서는 조금씩 다르다.

　현재주의는 모든 역사는 현재의 역사라는 논리에서 역사를 '과거'라는 화면에 비친 현재라고 주장하며, 실용주의는 역사란 과거의 유용한 재구성으로 본다. 포스트모더니즘은 이데올로기를 벗어난 진리는 없다는 관점에서 역사를 다양한 주관적 이야기로 규정한다.

1. 현재주의(Presentism): 역사는 '과거'라는 화면에 비친 현재다[01]

1) 현재주의는 어떤 주장인가?

현재주의는 현재의 관심이나 관점에서 과거를 이해하려는 태도를 가리킨다. 이것은 과거를 객관적인 역사적 맥락에서 이해하려고 하지 않고, 현재의 렌즈를 통해서 과거를 보려고 하는 입장이다. 어떤 역사가들은 현재주의가 역사의 이해에서 불가피하다고 주장하지만, 반면에 데이비드 피션(David H. Fishen) 같은 역사가들은 현재주의를 소급적용의 오류(Fallacy of nunc pro tunc)라고 부르기도 한다. 말하자면 새로 제정된 법률로 과거를 단죄하는 오류와 같다는 것이다.

소급적용은 매우 중대한 법률적 오류다. 어떤 법을 엄격하게 적용한다고 할지라도, 그 법이 제정되기 전의 행위에 대해 단죄할 수는 없다. 아무도 공표되지도 않은 법에 의해 처벌받을 수는 없기 때문이다. 만약 이런 소급적용이 가능하다면, 그리고 새로운 상황이 전개됨에 따라 새로운 법이 계속 제정된다는 점을 고려해 보면, 결국 모든 사람이 범죄자가 되고 말 것이다.

왜 이런 문제가 발생하는가? 그것은 근본적으로 역사학에서 연구자와 연구대상이 같은 시간 차원에 있지 않기 때문에 발생한다. 즉 우리는 현재에 존재하면서, 이미 지나간 과거를 이해하려고 한다. 이런 시간상의 거리는 극복하기 쉽지 않은 많은 문제들을 야기한다.

첫째로 과거란 우리가 직접 대면할 수 있는 대상이 아니다. 이미 지나가 버렸기 때문이다. 우리가 과거는 현재와 마찬가지로 존재하는 것이라고 주장한다 해도, 그것이 현재와 다른 차원이라는 것은 인정하지 않을 수 없다. 가끔 어떤 타임머신을 통해 과거로 되돌아가는 영화가 인기를 끈 적은 있지만, 이런 이야기는 허구일 뿐 현실의 이야기는 아니다. 우리는 과거에서 남겨진 단편적인 기록과 흔적들을 확인할 수 있을 뿐이다. 우리는 어린 시절로 되돌아갈 수가 없다. 우리가 손에 쥘 수 있는 것은 어린 시절에 찍은 사진이나 일기장 등일 뿐이다.

둘째로 과거는 현재와 같지 않다. 10년이면 강산도 변한다는 말이나 상전벽해라는 말은 우리가 사는 환경이 끊임없이 변한다는 것을 의미한다. 환경의 자연적인 변화뿐만 아니라 우리는 과학기술의 발달에 힘입어 인위적으로 환경을 바꾸기도 한다. 사막을 옥답으로 변화시키는 작업이 이런 예다. 환경이 바뀌면 사람들의 생각과 행위도 달라질 수밖에 없다.

우리의 산업화 세대와 민주화 세대가 사사건건 의견을 달리하는 것은 이들이 살았던 환경의 차이에서 연유한다고 할 수 있다. 오늘날 냉방장치가 완벽하게 된 아파트에서 사는 세대들이 보릿고개를 넘기며 살았던 그들의 선대들과 사고방식에서 같을 수가 없을 것이다. 이런 관점에서 보면 과거란 우리에게 낯선 세계라고 할 수 있다. 우리가 과거 속으로 들어가는 것은 흡사 문화와 전통이 다른 외국을 여행하는 것과도 같은 것에 비유되기도 한다.

현재주의는 이런 시간상의 거리가 주는 난점을 현재에 초점을 둠으로써 해결하려고 한다. 아니, 더욱 정확하게 말하면 해결한다기보다는 해소하려고 한다. 해소란 문제의 정답을 찾기보다는 문제 자체를 제거해 버리는 것을 의미한다.

현재주의의 교설은 두 측면에서 논의될 수 있다. 하나는 존재론적 측면이고, 다른 하나는 인식론적 측면이다. 현재주의의 존재론적 교설은 과거는 그 자체로 존재하는 것이 아니라 역사가가 그의 정신 속에 되살릴 때만 존재한다는 주장이고, 현재주의의 인식론적 교설은 우리는 과거를 현재의 인식 기준에 맞추어 이해할 수밖에 없다는 것이다.

이러한 주장은 철저히 현재에다 초점을 맞추는 태도이다. 과거가 현재의 관심에 의존한다. 아무도 관심을 갖지 않는다면, 그것은 존재하지 않는다고 보기 때문이다. 물론 현재주의라 해서 박물관에 진열되어 있는 유물이나 조선왕조실록과 같은 역사문헌의 존재를 부정하는 것은 아니다. 그렇지만 이들은 이런 유물들이나 기록들은 아무도 관심을 갖지 않고 거들떠보지도 않는다면, 그것은 존재하지 않는 것이나 같다는 것이다. 그렇다면 언제 과거는 현재의 관심사가 되는가?

오늘의 현실을 이해하거나 현재 당면한 문제의 해결에 도움이 될 때, 잠자던 과거는 관심의 대상이 되면서 살아 있는 역사로 재생한다. 크로체는 다음과 같이 말한다. "현재의 삶에 대한 관심만이 과거를 탐구하게 만든다. 그러므로 이 과거의 사실은 현재의 삶의 관심과 하나가 된다."[02] 이것이 현재주의의 인식론적 논제이다. 이것은 현재의 관점이나 기준을 그대로 과거에까지 확장하는 접근법이다. 말하자면 이것은 과거를 현재의 틀 속에 집어넣는 것이며, 현재의 창을 통해 과거를 바라보는 태도이다. 과거는 현재를 위해서, 현재의 입장에서, 현재의 술어로 연구되어야 한다는 이러한 입장은 과거는 그 자체를 위해서, 그 자신의 권리에서, 그 자신의 술어로 연구되어야 한다는 객관주의적 입장과는 대립된다.

이러한 현재주의는 정당화될 수 있는가? 현재주의가 주장되는 이유는 무엇이며, 그것의 인식론적 기초는 무엇인가?

2) 대표적인 현재주의자들

(1) 20세기 이탈리아의 철학자 베네딕토 크로체가 가장 대표적인 현재주의자다. 그는 다음과 같이 주장했다. "역사적 판단의 기초가 되고 있는 실용적 요구는 동시대사(Contemporary History)로서의 성격을 역사에 부여한다. 왜냐하면 역사는, 연대기적으로 볼 때 어떤 사실들이 매우 먼 과거의 일에 속한다는 사실과는 관계없이, 항상 현재의 필요성이나 현재의 상황과 관계하며, 시간적으로 먼 과거의 사실들도 현재의 필요성이나 현재의 상황 속에서 나타나기 때문이

다."[03]

크로체는 역사와 연대기를 비교하면서 역사의 본질을 설명하려고 한다. "역사는 살아 있는 연대기며, 연대기 자체는 죽은 역사이다. 역사는 현재의 역사이며, 연대기는 과거의 역사이다."[04] 역사와 연대기는 같은 차원의 두 종류 역사형식이 아니다. 연대기는 죽은 역사로서 역사의 사체(死體)에 불과하다. 그 내용을 제대로 이해하지 못한 채 추상적인 단어로 사건을 기록할 때, 그것은 연대기가 된다. 예컨대, 철학을 전혀 이해하지 못하는 사람이 철학의 역사를 읽거나 쓸 때, 그것은 연대기가 된다. 1501년에 퇴계 이황이 탄생하여 젊은 날 성리학을 배워 1568년에 성학십도를 쓰고 이기이원론을 주장했다는 것을 아는 것만으로는 퇴계에 관한 연대기를 아는 것에 불과하다. 그의 이기이원론의 사상을 제대로 이해할 때만 퇴계의 역사를 아는 것이다. 반면에 역사가가 연대기의 내용을 그의 정신 속에서 구체화시킬 때, 그것은 살아 있는 역사가 된다. 아무도 거들떠보지 않는 역사는 기껏해야 이름만이 역사책일 뿐 진정한 역사가 아니다. 내가 나의 정신적 필요에 의해 이들을 사고하거나 정성 들여 다시 동화할 때, 그들은 비로소 역사가 된다.

역사가는 상상 속에서 개인과 사건들을 재체험한다고 크로체는 주장한다. 이런 주장은 두 가지 의미를 함축한다. 하나는 사건들을 이와 관련된 행위자의 사상이나 감정이 표현된 것으로 간주한다는 것이며, 다른 하나는 그런 사상이나 감정을 역사가가 그의 정신 속에서 되살려 낸다는 것이다. 우리가 정신 속에서 과거를 부활시킬 때, 과거는 현재가 된다. 과거의 현재화에 의해 천 년 이상 잠들어 있었던 고대 그리스-로마 문명은 르네상스 시대에 새롭게 탄생할 수 있었던 것이다.

정신은 살아 있는 현존이다. 그것은 역사의 결과물이면서 동시에 역사의 창조자다. 그러므로 현재성은 모든 역사의 본질적인 특성이 된다. 크로체는 현재사에 대해 다음과 같이 설명한다. "현재사는 가장 최근의 과거로 간주되는 시간 ―그것이 지난 15년의 시간이든, 10년이든, 한 달이든, 하루든, 혹은 실제로 한 시간이나 마지막 일 분이든 간에― 의 경과에 대한 역사이다. 그러나 엄격하게 말한다면, '현재적'이라는 술어는 행위가 일어난 후 그 행위를 의식하면서, 곧바로 써지는 역사에 대해서만 적용될 수 있다."[05]

그렇지만 우리가 과거를 현재화시킬 때 우리의 정신이 순수한 백지 상태에 있지 않다면, 그 현재화가 과거를 있었던 그대로 재현한다고 할 수 있을까? 현재의 틀이 과거를 바라보는 관점에까지 영향을 미칠 것이 분명하기 때문이다. 역사가 현재의 함수이며 두 개 이상의 역사가 양립할 수 있다는 주장은 이런 근거에서 성립한다. 말하자면 어느 시대든, 혹은 같은 시대의 어느 누구든 자신의 틀에서 사료들을 가공하고 해석하면서, 해석을 타당성을 주장할 수가 있는 것이다.

(2) 역사를 사상사로 보는 로빈 콜링우드도 현재주의를 주장한

다. 콜링우드에게 중요한 핵심어는 사상(Thought)과 재연(Enactment)이다. 그는 역사가와 자연과학자를 탐구의 대상을 바라보는 관점에서 구별한다. 자연과학자는 사건의 물리적 속성이나 구조에 관심을 갖는 반면, 역사학자는 사건이 표현하고 있는 행위자의 사상에 대해서만 관계한다. 그러므로 역사적 인식이란 정신적 행위를 이해하는 것이며, 정신적 행위를 재연하는 것이다. 역사가가 탐구하는 대상은 정신과는 상관없는 자연적 객체일 수 없다. 그것은 밖에서만 바라보는 광경이 아니라 역사의 정신 속에서 재생되어야 할 경험이다.[06]

여기서 현재주의의 인식론이 논의의 대상이 된다. 역사가는 그의 경험의 한계 안에서만 무언가를 재연할 수 있기 때문이다. 이러한 논의는 결국 과거의 재생은 현재의 기반 위에서 진행될 수밖에 없다는 주장으로 귀결된다. "역사연구의 방법이 달라짐에 따라 그리고 역사가의 능력이 다름에 따라 어떤 주어진 문제를 해결하는 데 유용한 증거도 달라지게 마련이다. 그리고 증거를 해석하는 원리도 또한 변한다. … 부단한 이 변화 때문에 모든 새 세대는 그들 나름대로 역사를 다시 써야 하며, 모든 새로운 역사가는 낡은 문제에 새로운 대답을 제시하는 것으로 만족하지 않고 그 문제 자체를 수정해야 한다."[07]

로빈 콜링우드의 현재주의를 오랫동안 연구해 온 김현식 교수는 에드워드 카의 '과거와 현재의 대화'를 '현재와 현재의 대화'로 바꾸어야 되며, 역사가와 사료 사이의 관계는 동등할 수 없다고 주장한다. "역사가가 사료를 선별하고 연결할 뿐만 아니라 자신이 재구성한 과거의 상에 의거하여 사료의 빈틈을 채워 나가는 것이 역사 작업인 이상, 역사가와 사료 사이의 관계는 기브 앤드 테이크의 공평함일 수 없습니다. … 공평해 보이면서도 실상은 불공평한 관계, 주고받음의 대화인 것처럼 보이나 실제로는 역사가에 의해 주도되는 말나눔의 관계, 자료에 의존하면서도 동시에 자료를 뛰어넘으며, 나아가 자료를 만들어 내기까지 하는 관계입니다."[08] 이런 주장은 현재주의를 가장 극명하게 보여 준다.

3) 현재주의의 인식론적 근거

현재주의는 관념론적 역사인식론이다. 경험론자 버클리의 "존재하는 것은 지각되는 것이다(To be is to be perceived)."는 관념론적 명제와 비슷하게, 현재주의는 "존재하는 것은 이해되는 것이다(To be is to be comprehended)."는 명제로 정식화될 수도 있다. 버클리에게는 지각되지 않는 것은 존재하지 않는 것이었다. 마찬가지로 현재주의에서는 이해되지 않는 것은 존재하지 않는 것이다.

현재주의의 인식론적 기초는 한스-게오르크 가다머가 해석학적 방법론에서 주장해 온 '이해의 현재성 논제'와 후기 논리실증주의들이 제기한 '관찰의 이론의존성 논제'라고 할 수 있다.

가다머의 이해의 현재성 논제란 이해가 백지상태에서 진행되는 것이 아니라 우리가 갖고 있는 선이해(Vorverständnis)의 바탕 위에서 이루어진다는 주장이다. 선이해란 무엇이며 왜 이런 일이 발생하는가? 가다머는 우리가 어떤 판단에 앞서 작동하는 세계관, 즉 우리의 몸에 배여 있어 거의 무의식적으로 작용하는 세계관을 선이해라 부른다.[09] 선판단의 인식론적 기초는 전통과 권위이다. 이런 주장은 결국 우리가 전통으로부터 완전히 해방되기는 어렵다는 것을 의미한다.

왜 우리는 르네 데카르트처럼 모든 전통을 의심하며 거부하지 못하는가? 왜 계몽주의자들처럼 전통을 비판하며 벗어던지지 못하는가? 이에 대한 가다머의 대답은 우리가 전통 속에서 태어나 성장했고, 지금도 여전히 전통 속에서 살고 있기 때문이다. '던져진 존재(Geworfenheit)'나 '세계 안의 존재(In der Welt Sein)'라는 말이 이런 상황을 표현한다.

던져진 존재란 우리의 호불호나 자유의지와는 관계없이 특정한 상황 속에서 태어나 성장할 수밖에 없으며, 이런 성장 과정에서 특정한 지식과 가치체계를 내면화하고 이를 통해 세계를 바라보게 된다는 것이다. '세계 안의 존재'란 세계를 완전히 대상화할 수 없는 존재를 의미한다. 말하자면, 우리는 역사적·문화적 상황에 의해 불가피하게 제약될 수밖에 없다는 것이다. 이러한 주장은 우리가 자라온 사회적 상황을 뛰어넘어 사물을 인식할 수 없다는 지식사회학과 같은 논리를 갖는다. 우리가 우리 자신도 모르게 형성된 세계관의 틀을 벗어 던져 버린 후 백지에서 출발하지 못하고, 선이해라는 바탕 위에서 시작하지 않을 수 없는 이유가 바로 세계 안 존재의 특성 때문이다. 하이데거도 같은 주장을 한다. "무엇을 무엇으로 해석함은 근본적으로 선유(Vorhabe), 선견(Vorsicht), 선파악(Vorgriff)에 기초한다. 앞에 주어진 것을 결코 전제 없이 파악하는 것이 아니다."[10]

이것은 결국 무엇을 의미하는가? 이것은 우리가 역사적 자료를 현재의 틀을 통해서만 이해할 수밖에 없다는 것을 의미한다. 이것은 동시에 역사연구란 과거의 객관적 재구성이 아니라 현재적 재해석이라는 것을 의미한다.

이런 논리에서 보면 같은 대상이라도 선판단의 구조가 달라지면 다르게 규정되지 않을 수 없다. 이것은 역사이해가 과거를 대상으로 삼는다 해도 과거와 현재의 상호작용 속에서 진행된다는 것을 보여 준다. "지속적으로 살아 있는 전통의 작용과 역사적 탐구의 작용은 하나로 통일되어 작용한다."[11]

'관찰의 이론 의존성' 논제도 현재주의의 인식론적 기초가 된다. 노우드 핸슨(Norwood. R. Hanson)은 『발견의 유형』이란 그의 저서에서 "본다고 하는 것은 안구 운동 이상의 행위이다."라는 유명한 명제를 제안했다. 우리의 눈은 결코 카메라가 아니라는 것이다. 우리는 눈을 통해서 사물을 본다. 수정체와 망막이 눈의 가장 중요한 두 요소이며, 물체에서 반사된 광선은 수정체를 통과하면서 굴절되어 망막의 중심에 상이 맺힌다. 카메라의 원리도 이와 마찬가지다. 그

얼굴과 꽃병　　　　　　　달의 검은 부분

렇지만 최종적으로 상의 해석에서 차이가 난다. 카메라의 필름은 상을 기계적으로 반영하지만, 우리의 시각 경험은 과거에 우리가 겪은 경험, 현재 우리의 지식과 기대 등에 따라 동일한 상을 다르게 해석한다.

　예컨대 달의 표면의 검은 그림자 같은 형상을 보고 한·중·일 삼국은 토끼가 방아를 찧고 있다고 해석한다. 페루에서는 두꺼비로, 유럽에서는 집게발을 높이 든 게로 해석한다.

4) 현재주의의 문제점들

　현재주의는 우리의 눈이 카메라와 항상 같지 않다는 것을 밝힌 점에서는 공로가 있다. 사실 이런 논제는 지식사회학이 일찍이 제기한 '의식의 존재구속성' 논제와 같은 맥락에서 논의할 수 있는 주제이기도 하다. 의식의 존재구속성 논제는 우리의 모든 사상, 특히 사회나 정치 현상에 관한 사상은 진공 속에서 진행되는 것이 아니라 생활세계의 환경 속에서 진행된다고 주장한다. 물론 이런 사실이 당사자에게는 드러나지 않는다.

나는 이런 지식사회학은 우리의 이성을 지나치게 평가절하하고 있다고 생각한다. 많은 경우 우리가 처한 상황의 영향을 벗어나기 어려운 것도 사실이지만, 그렇다고 해도 우리가 비판적 논의에 의해 우리를 더욱 객관적으로 만들 수 있다는 것도 부인할 수 없다. 한때는 태양이 북극성보다 크다고 생각했지만, 천문학의 발달에 따라 북극성이 태양보다 몇 배나 더 크지만 멀리 떨어져 있기 때문에 작게 보일 뿐이라는 것을 알게 되었다. 우리가 어떤 대상 X에 대해 패러다임 A에서 관찰하면 a로 나타나고, 패러다임 B에서 관찰하면 b로 나타난다는 것을 안다면, 이들을 서로 비교해서 그 정체가 무엇인가를 추적하는 것은 결코 불가능한 일이 아니다. 만약 우리가 철두철미 상황에 의존적이라면 동일한 대상을 서로 다르게 본다는 사실조차 알 수 없을 것이다. 예컨대 달 표면의 동일한 그림자에 대해 문명권마다 제각각의 해석을 내렸다는 사실을 우리가 안다면, 그래서 나의 해석이 유일 절대의 해석이 아니며 여러 해석들을 비교 검토해서 새로운 해석을 내릴 수도 있음을 인정한다면, 우리는 이미 의식의 존재 구속성을 넘어서고 있다고 해야 한다.

역지사지(易地思之), 입장을 바꾸어서 생각할 수 있음은 이성의 중요한 기능이다. 현재주의는 이런 기능을 무시하고 현재의 법률을 과거에다 소급 적용하면서 과거를 단죄해 버리는 식의 오류를 범한다.

2. 실용주의: 역사는 유용성의 관점에서 재구성한 과거다[12]

1) 실용주의의 일반적 의미와 특성

실용주의(Pragmatism)는 사상이나 관념의 실용적 측면을 강조하는 입장이다. 실용주의의 비조격인 찰스 퍼스(Chales S. Peirce)가 '우리의 관념을 명료하게 하는 방법[How to make our ideas clear'(1878)]에서 Pragmatism이라는 말을 만들었고, 윌리엄 제임스(William James)가 『Pragmatism』(1907)에서 실용주의를 정식화했다, 실용주의는 존 듀이 등에 의해 전개된 의미와 진리 및 선에 관한 철학적 이론으로 규정될 수 있겠지만, 넓은 의미로는 탐구의 태도를 의미한다고 할 수 있다. 실용주의의 대부 격인 제임스는 실용주의를 "어떤 특별한 결과가 아니라 어떤 탐구의 태도, 즉 최초의 것, 원리, 범주, 가정된 필연성 등에서 등을 돌리고, 최종적인 것, 성과, 결과, 사실을 추구하려는 태도"[13]라고 규정한다. 실용주의의 의미와 진리론은 철학의 영역을 넘어 법학, 경제학, 역사학 등에 광범위하게 적용되었다. 실용주의는 다음과 같은 특성을 가진다.[14]

(1) 실용주의는 진화론적 생물학의 관점에서 인간을 이해한다. 즉 인간을 다른 동물과는 본질적으로 구별되는 특별한 존재라기보

다는 지구상에 존재하는 다양한 생물종의 하나로 보는 것이다. 모든 생물종들의 1차적인 목표는 어떻게 하면 변화하는 환경에서 살아남느냐는 것이다. 지식은 이때 필요한 도구이다. 말하자면 환경에 잘 적응하도록 돕는 것이 지식의 본래적 기능이라는 것이다.

(2) 실용주의는 영원한 진리의 세계보다는 이 세상의 삶을 더욱 중시하는 현실주의이다. 이런 태도는 반형이상학적, 반선험적 태도와 관련이 있다. 그것은 부도날 위험이 큰 수표보다는 현금 가치를 중시하는 태도이다. 그렇지만 현실주의가 눈앞의 이익만 추구하는 태도와 동일시되지는 않는다.

(3) 실용주의는 절대적 진리 대신에 상대적 진리를 수용한다. 실용주의는 문제 해결에서 한 가지 해결책만 있다고 생각지지는 않는다. 그리고 우리가 부딪힌 문제를 해결하는 것이 진리라면, 진리는 다수일 수밖에 없다. 실용주의자들은 자신들을 상대주의라는 용어보다는 다원주의라고 부르고자 한다. 그 이유는 상대주의는 문제를 해결하는 다양한 해결책들이 모두 똑같은 값을 갖는다고 주장하는 데 반해, 다원주의는 이런 해결책 중에서 우열을 가질 수 있다고 본다는 것이다. 이런 구별은 어느 정도 유의미하고 필요할 수도 있겠다. 그렇지만 그러한 우열의 구별 자체가 특정한 역사적 맥락 속에서만 가능하기 때문에 전체적으로 실용주의를 상대주의로 규정한다고 해서 틀렸다고 하기는 어려울 것이다.

2) 실용주의와 역사 세계의 구성

미국의 실용주의 역사학자 칼 베커는 다음과 같이 주장한다.

세계는 항상 현재로부터 구체화되어 드러난다. 과거에 대한 지식이 현
재의 욕구를 만족시키는 데 필요하기 때문에, 세계는 과거 속으로 확장
된다. 그렇지만 그것은 현재의 범위 내에 머문다. 실제로 세계는 단지
대단히 큰 현재를 산출할 뿐이다.[15]

이런 주장은 역사 연구가 과거를 그 자체로 드러낸다기보다는
현재의 영역 속에 편입시키고, 현재의 틀 속에 끼워 맞춘다는 의미
이다.

실용주의는 현재주의의 한 유형이라 할 수 있다. 현재의 틀로써
과거를 재단한다는 측면에서는 동일하다. 그렇지만 실용주의가 기
반하는 현재의 틀이 현재의 실용성인 데 반해, 현재주의는 실용성
이외에도 언어공동체이론이나 패러다임이론 등을 기반으로 할 수
도 있다는 점에서, 이들은 구별된다.

리차드 로빈슨, 칼 베커, 찰스 비어드 등은 모두 실용주의 역사가
들이다. 칼 베커는 '역사적 사실'을 발견한 것이 아니라 구성한 것이
라고 다음과 같이 주장한다. "역사의 실제는 영원히 사라졌으며, 역
사가의 '사실'은 그것이 무엇이든 간에 그것을 이해하기 위해 역사
가가 만든 마음의 상이나 영상일 뿐이다."[16]

애덤 샤프(Adam Schaff) 역시 역사적 사실을 어떤 이론적인 가공물로 규정하면서 다음과 같이 주장한다. '본래 그대로'의 사실이란 있을 수 없다. 이른바 본래 그대로의 사실이란 어떤 이론적인 가공의 산물이며, 그것들을 역사적 사실의 범주 속으로 격상시키는 일은 역사가의 출발점이 아니라 종점이다.[17]

왜 사실이 이론적 가공물인가? 어떤 의미에서 역사적 탐구의 전제가 아니라 결과인가? 이에 대한 실용주의자의 대답은 이렇다. 사실은 처음부터 고정되어 있지 않고, 우리가 어떻게 주조하느냐에 따라 이렇게 저렇게 구성되기 때문이다. 이런 관점에서 보면, 우리가 단순한 사실이라고 자명한 것처럼 다루는 여러 역사적 사실들은 사실은 단순한 사실들이 아니다.

역사적 사실이란 무엇인가? 예컨대 역사가들이 자주 다루고 있는 '기원전 49년 1월에 카이사르가 루비콘 강을 건넜다'는 단순한 사실부터 생각해 보자. 모든 사람들이 이 낯익은 사실을 알고 있으며, 또 카이사르 자신의 말 중에서도 자주 언급되고 있기 때문에 그 사실은 분명히 중요하다고 하겠다. 그렇지만 그것이 과연 그렇게 단순한 사실인가?[18]

왜 '카이사르가 루비콘 강을 건넜다'는 사실이 단순한 사실이 아닌가? 칼 베커는 이를 다음과 같이 설명한다. "카이사르는 루비콘 강을 혼자서 건넌 것이 아니라 그가 지휘하는 6,000여 명의 병사들과 함께 건넜다. 6,000여 명의 집단이란 한 개인과 같이 단순하지 않다. 그러므로 카이사르가 루비콘 강을 건넜다는 이 역사적 사실은 수많은 사실들의 집합을 단순화시킨 것에 불과하다."

실용주의의 특성은 사실의 구성뿐만 아니라 사실의 선택에서도 드러난다. 우리나라에 국한해도 하루에 수많은 사건이 발생한다. 전 세계를 다 치면 다 셀 수도 없을 것이다. 이들이 모두 역사적 사실이 되는 것은 아니다. 수많은 사실 중에서 역사가가 가치 있는 것으로 평가하여 역사적 사실의 범주 속에 집어 넣을 때, 그것은 비로소 역사적 사실이 된다. 예컨대 1919년 3월 1일, ① 보통 농사꾼 김모씨가 결혼하고, ② 말단 공무원 이모씨가 친구와 술을 마시고, ③ 유관순이 대한독립만세를 불렀다는 세 사건 중에서, ③만이 역사적 사실로 선택된다. ③만이 역사적 가치를 지닌 것으로 역사가가 해

카이사르의 『갈리아전기』

석하기 때문이다.

역사가는 왜 ③만을 역사적 사실로 선택하는가? ③이 끼친 영향력 때문이라는 대답은 실용주의가 볼 때는 정곡을 찌른 대답일 수 없다. 그것이 현재 역사가의 관심이나 필요성의 대상이 되기 때문이라는 대답만이 정답이 될 수 있다. 일본정부가 종군위안부의 강제모집이라는 사실을 끝까지 감추려고 하는 것은, 즉 역사적 사실에서 제외시키려고 하는 것은 이 사실이 자신들의 치부를 드러낼 뿐 자신들의 역사에서는 유용하지 않다고 판단하기 때문이다. 이것이 실용주의의 입장이다.

3) 실용주의와 역사적 진리

여기서 우리는 실용주의가 주장하는 유용성이 어떤 것인지 반문해 볼 수 있다. 유용성은 개인의 차원에서 논의될 수도 있지만 실용주의가 주장하는 것은 집단적 차원에서의 유용성이다. 누구나 해결해야 할 문제 상황 속에 놓여 있는 것과 마찬가지로, 집단적 차원에서도 마찬가지다. 어떤 집단이든 존속하기 위해서는 당면한 문제를 해결해 가야 한다. 이 문제가 우리의 관심과 유용성을 결정한다. 그러므로 상황의 변화에 따라 문제가 달라지면 관심과 유용성은 달라진다. 뿐만 아니라 집단마다 자신의 문제 상황이 있으므로, 집단에 따라 관심이나 유용성의 기준도 달라진다.

실용주의는 역사를 어떻게 이해한다고 할 수 있을까? 실용주의자들은 역사에 대한 객관적 진리는 불가능하다고 본다. 모든 역사적 인식은 철저히 상대적이기 때문이다. 우리의 관심사가 다르다는 것을 염두에 둔다면, 역사적 인식이란 어차피 주어진 자료들을 가공하여 유용한 이야기를 만들어 내는 역사적 해석이기 때문이다.

> 우리 실용주의자들은 진리를 위한 진리를 추구해야 한다는 생각을 이해하지 못한다. 우리는 진리를 탐구의 목적으로 삼을 수 없다. 탐구의 목적은 무엇을 할 것인가에 대한 사람들의 합의를 이끌어 내는 것, 말하자면 달성되어야 할 목표에 대한 합의를 도출해 내고 그 목표가 달성되기 위해 어떤 수단이 사용되어야 하는가에 대한 합의를 도출해 내는 것이다. 행동의 조정에 이르지 못하는 탐구는 탐구가 아니라 단순한 말장난이다. 신념을 표상으로서가 아니라 행동의 습관으로 다루는 것, 그리고 단어를 실재의 표상으로서가 아니라 도구로 다루는 것은 '나는 지금 발견을 한 것인가 아니면 발명을 한 것인가?'라는 질문을 의미 없는 것으로 만드는 것이다. 유기체와 환경 간의 상호작용을 이런 식으로 나누는 것은 의미가 없다.[19]

이런 이론에서는 역사인식이 진보한다는 주장은 성립되지 않는다. 아무리 다양한 해석이 이루어진다 해도, 이들 중 어느 것이 진리인지 판별할 객관적 기준이 존재하지 않기 때문이다. "세계는 대안적인 메타포들 가운데 어느 것을 선택할 아무런 기준도 제공하지 않으며, 우리는 단지 언어나 메타포들을 서로 비교할 수 있을 뿐이지 언어를 넘어선 '사실'이라 불리는 것과 언어를 비교하는 것이 아니다."[20]

4) 문제점들

진리와 삶을 일치시키려 한 것은 실용주의의 공로가 될 것이다. 그렇지만 실용주의는 역사세계를 지나치게 자의적으로 재해석하며, 역사적 진리의 상대화를 용인한다. 베커나 비어드 같은 실용주의적 역사학자들은 역사적 상대주의란 불가피하고 당연한 것으로 받아들여 왔다.[21] 그 결과 역사학은 과학과는 지나치게 멀어지고 예술의 범주에 속하는 것으로 여겨져, 역사학과 역사소설의 구별은 불가능하다는 주장까지 제기되었다.

베커는 역사적 사실이란 원래는 매우 복잡한 것인데, 우리가 현재의 필요성에 따라 임의로 재단하여 단순한 사실로 구성한다고 주장한다. 그리고 이런 실례로서 '기원전 49년 1월 11일 카이사르가 루비콘 강을 건넜다'는 역사적 사실을 든다. 이 사실이 집단적 행위라는 것은 분명하다. 그렇지만 우리가 카이사르와 함께 루비콘 강을 건넌 6,000여 명의 병사 한 사람, 한 사람을 모두 언급해야만 정확한 기술이라 할 수 있는가? 물론 병사들의 숫자는 중요한 의미를 지닐 수 있지만, 우리가 이를 자세히 언급하지 않는다 해서 역사적 사실을 자의적으로 왜곡했다고 할 수 있을까?

실용주의는 역사적 사실의 선택에 대해서도 자의적으로 해석하여 역사세계의 객관적 재구성이 어렵다고 주장한다. 패러다임 A하에서는 a를 가치 있는 사실로 선택하고, 패러다임 B하에서는 b를 가치 있는 사실로 선택하는 것은 가능하다. 그렇다고 해서 우리가 전혀 다른 역사세계를 재구성할 수밖에 없다는 주장은 성립되기 어렵다. 우리가 패러다임 A와 B를 서로 비교하고 종합할 수 있는 한에서, 역사세계의 객관적 재구성은 열려 있기 때문이다.

실용성은 좋은 것이다. 그렇다고 해서 그것이 곧바로 진리일 수는 없다. 어떤 필요에 의해 혹은 어떤 관심에 의해 역사는 다시 쓰여질 것이며, 아마도 그런 필요는 계속될지도 모른다. 그렇다고 이로 부터 역사를 자의적으로 해석해도 좋다는 주장의 정당성이 도출되지는 않는다.

3. 포스트모더니즘: 역사는 다양한 주관적 이야기일 뿐이다

1) 포스트모더니즘과 역사

포스트모더니즘(Post Modernism, 탈근대주의)은 1960년대에 일어나서 현재까지 영향을 미치고 있는 문화운동이며 철학사상이다. 탈근대주의는 근대주의의 계승이자 동시에 비판자이다. "탈(Post)"이라는 말은 상황에 따라 때로는 비판적 극복에 때로는 계승에 방점을 찍기도 하지만, 대체로 '계승'과 '비판'이라는 이중성을 지닌다.

포스트모더니즘의 1차적 목표는 지식의 객관성과 언어의 안정성에 도전하는 것이었다. 포스트모더니즘은 역사의 진보에 대한 믿음과 주체적 개인이라는 생각에 문제가 있다고 본다. 말하자면 자율적 주체성이라는 개념을 기초로 하는 계몽주의적 기획 전체에 도전했다.

포스트모더니스트들은 어떤 특정한 지식은 얻을 수 없다고 본다. 또한 이데올로기를 벗어난 진리란 없다고 본다. "각 사회는 고유한 진리체계와 진리의 일반 정치학을 갖고 있다." 포스트모더니스트들은 저기 바깥에 있는 '저곳'을 문제화하기 위해 '현실(Reality)'이라는 단어에 인용부호를 친다. 말하자면 현실이란 객관적으로 존재하는 현실이 아니라 소위 말해지는 '현실'인 것이다. 이들이 볼 때 어떤 현실도 그에 대한 담론을 초월할 수 없다.[22]

푸코와 데리다는 인간을 언어의 감옥에 갇힌 존재로 묘사했다. 이런 언어적 결정론은 마르크스의 경제적 결정론이나 프로이트의 심리적 결정론보다 더 심한 질곡이었다. 현실은 언어의 창조물이므로 현실과의 직접적인 관계는 모두 차단된다. 이것은 소쉬르의 구조주의 언어학에서 가져온 것이다. "현실은 항상 언어로 감싸여 있고, 언어의 작동은 또 문화적 규범의 작동으로 가려져 있다."[23] 이런 주장의 결론은 상대주의나 회의주의다. 이들은 과거의 확정적이고 객관적인 재구성은 상상 속의 동물인 키메라와 같은 것이라고 주장했다.

서구 철학사상사에서 근대주의는 18세기 계몽주의로부터 시작된다. 계몽주의의 핵심 표어는 이성과 진리 그리고 역사의 진보였다. 말하자면, 계몽주의는 인간은 자연의 빛인 이성에 의해 객관적 진리를 발견할 수 있고, 합리적인 사회를 건설할 수 있다는 신념이었다. 우리가 계몽주의를 이성 중심주의나 합리주의로 부르는 것은 이 때문이다.

　계몽이란 본래 중세적 봉건질서로부터 시민계급을 해방시킨 진보사상을 의미하는 것이었다. 계몽이 추구해 온 목표는 인간에게서 공포를 제거하고 인간으로 하여금 자연과 사회의 지배자가 되도록 하는 것이었다. 지식의 진보에 의한 인간해방이라는 계몽의 근대적 기획은 여러 철학자들에 의해 인류사의 문명화를 추동해 가는 보편적 원리로서 사용되었다.

　그렇지만 역사의 과정에서 근대주의는 정당화되었는가? 계몽의 과정은 제대로 진행되었는가? 이성적 존재로서의 인간에 대한 규정, 지식의 진보에 의한 인간의 해방은 성취되었는가? 막스 호르크하이머(Max Horkheimer)와 테오도르 아도르노(Theodor Adorno)는 『계몽의 변증법』에서 야만에서 문명으로서의 진보를 주장하던 계몽주의가 결과적으로는 오히려 문명에서 야만으로 회귀했다고 비판한다. 이런 비판의 근거는 근대의 과학기술 문명에 의해 자연의 지배는 인간이 생존하기 어려운 자연의 파괴로 나타났으며, 지식은 거꾸로 전체주의적 지배에 봉사하는 도구가 되었다는 것이다. 실존주의 철

학도 근대의 합리주의적 인간 이해에 비판을 가한다.[24]

포스트모더니즘은 이런 배경 위에서 등장한다. 자크 데리다, 미셸 푸코, 라캉 등이 대표적인 철학자들이다. 이들은 계몽주의 이후 서구의 합리주의가 하나의 절대적 논거를 세우기 위해 반대논리를 교묘히 억압해 왔다고 주장한다. 예컨대 데리다에 의하면, 말하기가 글쓰기를 억압했고, 이성이 감성을, 백인이 흑인을, 남성이 여성을 배제시켰다고 주장한다. 푸코는 계몽주의 이후 지식은 권력을 견제해 온 것이 아니라 권력과 손을 잡고 기득권에 봉사했다고 주장한다.

> 진실이란 권력과 무관하게 존재하지 않는다. … 진실은 오로지 다양한 형태의 구속에 의해 생산된다. … 각각의 사회는 … 진실의 '보편 정치'를 갖고 있다. 즉 사회가 진실이라고 받아들이고 기능하도록 만드는 담론의 유형들, 누군가에게 참된 언술과 거짓된 언술을 구별하도록 만드는 메커니즘과 관례, 그 각각을 허용하는 수단, 진실을 습득하는 과정에서 가치가 부여되는 기술과 절차, 진실을 말했다고 기소된 사람들의 입지가 그것이다.[25]

결론적으로 이들은 계몽주의가 주장했던 이성과 진리 및 역사의 진보에 대해 전면적인 비판을 가하면서, 인간의 진정한 해방을 위해서는 기존의 틀을 모두 해체시켜야 한다고 주장한다.[26]

철학사상과는 다르게 문화예술 분야에서의 포스트모더니즘은 더욱 좁은 의미로 사용된다. 말하자면 19세기 사실주의(Realism)에 대한 반발이 20세기 전반부의 모더니즘(Modernism)이었고, 다시금 이에 대한 반발이 20세기 후반부의 포스트모더니즘이다. 사실주의는 대상을 그대로 드러내 재현(Representation)함을 예술로 규정하는 입장이다. 모더니즘은 이런 사실주의를 비판하면서 대상에 대한 하나의 절대적 재현은 있을 수 없으며 대상은 보는 자의 주관에 따라 다양하게 나타낼 수 있다고 주장한다. 미술에서는 입체파가, 문학에서는 저자의 서술 대신 인물의 독백 형식이 등장한다.

이를 계승한 포스트모더니즘은 개성과 다양성 및 대중성을 극단

포스트모더니즘 양식의 건축

화시킨다. 포스트모더니즘은 프로와 아마추어, 현실과 허구, 예술과 비예술의 경계를 모두 허물어뜨린다. 역사도 개인의 주관적 해석에 불과하며, 문학의 한 장르인 이야기가 된다. 정대현 교수는 포스트모더니즘을 공동체적 언어론으로 설명한다. "포스트모더니즘을 상대론이나 회의주의의 한 형태로 이해하는 단순한 접근보다는 언어론적 설명이 더 총체적인 것 같다. 언어의 의미를 진리나 이론, 생각이나 관념으로 조명하려 할 때에는 많은 문제에 봉착하였지만, 언어 의미가 공동체의 생활양식에 의존한다는 관점은 설득력을 얻고 있다."[27] 이러한 태도에는 포스트모더니즘을 긍정적으로 보려는 의도가 깔려 있지만, 여전히 상대주의의 문제점을 해결해 주지는 못한다.

2) 서사주의의 기본교설[28]

서사주의는 역사를 이야기로 보는 입장이다. 서사주의는 역사의 원형이라고도 할 수 있지만, 전문역사가들에 의해 오랫동안 외면당해 오다가 20세기 중반부터 다시 관심의 대상이 되었다. 언어적 전회(Linguistic Turn)라는 20세기 철학사조와 포스트모더니즘의 문예비평이론이 이야기 역사의 부활을 가능하게 했다.

'언어적 전회'란 과학적 탐구에서 언어가 차지하는 중요성을 강조하기 위해 처음 사용된 말이지만, 리차드 로티가 『언어적 전회』라는 책을 출판하면서 일반화되었다. 이 말이 의미하는 것은 전통적으로 생각하듯이 언어가 사물을 비추는 거울과 같은 매개체가 아니라 우리의 인식과정을 지배하면서 사물을 부분적으로 구성하는 사고의 틀이라는 것이다. 이것은 언어를 통해서만 사물을 인식하며, 언어가 없다면 인식은 불가능함을 함축한다. 임마누엘 칸트가 우리의 정신구조인 범주체계가 없으면 사물에 대한 인식은 성립되지 않는다고 주장했던 점을 고려해서 사물의 인식에서 언어가 불가피함을 주장하는 이런 입장을 언어적 칸트주의(Linguistic Kantianism)라고 부를 수 있다. 다음의 그림이 이를 잘 보여 준다.

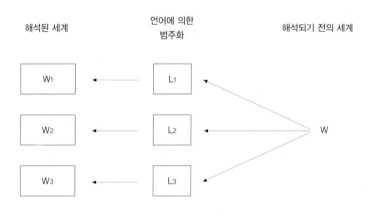

세계는 언어에 의해 다르게 해석된다.

임마누엘 칸트는 우리가 대상을 인식할 때 시간, 공간이라는 직관형식과 수량, 성질, 양상 등의 범주를 통해 대상을 파악한다고 주장했다. 이들은 대상으로부터 유래한 것이 아니라, 우리 자신이 원래부터 구비하고 있는 정신의 장치들이다. 우리는 이 틀 없이는 대상을 인식할 수 없다. 이 틀에 맞추어서만 대상을 인식할 수 있다. 비유한다면 붉은 안경을 쓰고 세상을 보면 모든 사물이 붉게 보이고, 노란 안경을 쓰고 보면 모든 사물이 노랗게 보이는 것과 같다.

이런 인식론을 구성론이라고 하는데, 칸트는 범주의 틀을 인류의 보편적인 장치로 생각했지만, 칸트 이후에 이 틀을 다양한 형식으로, 그리고 복수적으로 해석하게 되었다. 언어적 칸트주의란 이 범주의 틀을 우리가 사용하는 언어체계로 이해한 것이다. 그러므로 언어체계가 다르면 세상을 다르게 해석한다는 결론이 도출된다.

이야기 역사는 후기 분석철학의 반실증주의 경향과도 밀접하게 연관된다. 초기 분석철학과는 달리 후기 분석철학은 반실증주의 쪽으로 기울어지면서 역사의 설명에서도 자연과학적 법칙적 설명과는 다른 이해를 주장한다. 그 결과 역사를 이해하는 것은 이야기를 따라가는 것과 비슷하게 된다.[29]

루이스 밍크(Louis Mink)는 이야기를 역사이해의 한 양식으로 규정했다. "역사가의 결론은 과학적 의미로 엄격하게 증명되는 것이 아니라 이야기의 질서에 의해서 드러난다."[30] 아서 단토는 이야기 역사를 지지한 대표적인 역사 철학자이다. "역사는 이야기를 말한다(History tells story)"라는 것이 그의 명제이다.[31] 한 사건이 갖는 역사적 의미는 이야기 맥락 속에서만 드러난다는 것이 이 명제가 주장하는 내용이다. 말하자면 사건들은 이야기로 제공될 때 의미를 갖게 되며, 역사가는 이야기를 통해 역사의 흩어진 조각들을 한데 묶는다는 것이다.

프랑스의 철학자 폴 리쾨르(Paul Ricoeur)는 "인간존재의 의미는 그 자체가 이야기다."[32]라고 주장한다. 그러므로 역사가 이야기의 성격을 띠는 것은 당연하며, 이야기와는 아무 연관이 없어 보이는 역사조차도 이야기로 해석된다.

이야기는 어떤 사물이나 현상에 대해 일정한 줄거리를 가지고 하는 말이나 글이다. 말하자면 이야기는 모든 형태의 서사 담론이다. "서사는 시간적이며 인과론적인 경로를 따라 의미 있게 연결된 일련의 사건들을 기호로 표상한 것이다."[33] 서사는 비단 언어매체에만 의존하는 것이 아니다. 영화, 연극, 무용, 그림 등도 모두 서사에 포함될 수 있다. 이야기는 무엇보다 우리의 흥미를 불러일으켜야 하지만, 구조적으로, 시작과 전개, 클라이막스와 종결이라는 계기들을 갖고 있어야 한다.

3) 이야기 역사의 실제

(1) 롤랑 바르트

롤랑 바르트는 역사를 문학의 한 종류로 성격 짓는다. 그는 역사와 소설의 공통점을 다음과 같이 설명한다. "역사와 소설 모두에서 우리는 자족한 세계의 구성을 발견한다. 자족한 세계는 그 자신의 차원과 한계를 정성 들여 다듬어 만들며, 이런 차원과 한계 안에서 그 자신의 시간, 그 자신의 공간, 그 주민, 그 자신의 대상들의 집합, 그것의 신화를 조직한다."[34] 바르트에 의하면 역사이야기가 만들어지는 것은 역사문헌이 과거 세계를 있는 그대로 드러내어 보여 주어서가 아니라, 역사효과(History-Effect)를 만들어 내기 때문이다. 역사효과란 역사문헌 속에서 기호들의 배치에 의해 역사 서술이 실제로 진행되고 있는 것처럼 독자가 생각하도록 만드는 것이다.[35]

　바르트는 텍스트가 갖는 의미의 다양성과 이야기의 다양성을 매우 강조한다. "세계에 관한 이야기는 수없이 많다. 그것을 표현하는 장르들도 다양하다. 이야기들은 말로 할 수도 있고, 글로 쓸 수도 있다. 고정된 영상에 의해서도, 혹은 움직이는 영상에 의해서도 가능하고, 몸짓이나 이런 것들을 복합해서도 가능하다. 이야기는 신화 속에도 있고, 전설, 우화, 소설, 역사, 비극, 희극, 드라마, 그림, 영화, 대화 속에도 존재한다. 더욱이 이야기는 모든 세대, 모든 장소, 모든 사회에 있다. 그것은 인류의 역사와 함께 시작한다. 이야기는 국제적이고, 초역사적이고, 초문화적이다."[36] 자크 데리다의 차연 개념은 의미의 무한성을 설명하는 좋은 예시이다. 차연(差延, Differance)는 차이(Difference)와 지연시키다·연기하다(Differ)의 의미를 모두 가지고 있다. Differance는 Difference와 Differ가 결합되어 만들어졌다는 것을 나타내기 위해, 자크 데리다는 어미 -rence를 -rance로 바꾸었다. 따라서 차연은 차이라는 개념뿐만 아니라 연기 또는 지연이라는 개념도 동시에 나타낸다.

이 두 가지 의미가 어떻게 작용하는가는 사전에서 단어의 정의를 찾을 때 분명하게 드러난다. 예컨대 우리가 '사람(Men)'이라는 단어의 의미를 사전에서 찾는다고 해보자. '사람'은 '이성적 동물'이라고 되어 있다. 이때 '이성'은 생각할 수 있는 능력이고 동물은 '움직이는 물체'이다. 그렇지만 '능력'은 다시 '일을 감당해 낼 수 있는 힘'으로 '물체'에 대한 의미는 '구체적 형태를 가지고 있는 것'으로 풀이된다. 그렇다고 완벽하지는 않다. '형태'나 '힘'은 다시 정의되어야하기 때문이다. 말하자면, 어떤 단어는 다른 단어에 의해, 즉 단어들 간의 차이에 의해 정의되는데, 그러한 정의는 의미의 규정에 어떤 한계를 가지게 한다. 그리고 이런 규정은 불가피하게 지연될 수밖에 없다. 다른 단어 역시 또다시 다른 단어에 의해 규정되어야 하고, 이런 과정은 끝없이 계속되기 때문이다. 이것은 결국 '사람'이라는 말의 명확한 의미를 규정하는 데는 한계가 있음을 의미한다.

바르트는 역사담론이 실재의 흐름에 따라 진행되지 않는다고 강조한다. 말하자면 실재는 역사담론에서 중심적인 위치에 있지 않다는 것이다. 왜냐하면 이야기는 그 자체 속에서 실재를 완벽하게 만들어 내기 때문이다. "이야기의 실재론에 관한 요구는 무시되지 않으면 안 된다. 이야기의 기능은 표상하는 것이 아니라, 장관을 구성하는 것이고, 실재를 뒤따라 하는 정돈이 아니다."[37] 이리하여 역사와 문학의 구별은 불가능하게 된다. 역사가는 사실의 수집가라기보

다는 기의(Signified)의 수집가다. 그는 의미를 확립할 목적으로 사물들을 조직한다.[38]

(2) 헤이든 화이트

헤이든 화이트는 역사연구의 진행과정을 다음과 같은 다섯 범주로 나눈다. 즉 역사적 설명의 원초적 요소가 되는 ① 연대기와 ② 이야기 그리고 역사적 설명 양식들인 ③ 줄거리 구성의 양식, ④ 형식적 논증 양식, ⑤ 이데올로기 함축이 그것이다.[39]

연대기는 사건들을 발생순서에 따라 적은 것이다. 연대기는 특정한 출발지점이 없을 뿐만 아니라 특정한 과정이나 결론도 존재하지 않는다. 연대기 역사가가 사건을 기록하기 시작할 때 연대기는 시작되며, 역사가가 기록을 계속하는 한 무한히 계속된다. 반면에 이야기에는 시작과 과정과 결말이 있다. 이야기는 서로 독립적인 연대기적 사건들을 하나의 구조 속에 집어넣는다.

예컨대 여기 $a, b, c \cdots n$ 으로 표기되는 연대기가 있다고 하자.

가) $a, b, c \cdots n$

화이트는 이를 원재료로 하여 이야기를 구성한다고 할 때 연대기의 순서를 전혀 바꾸지 않고도 여러 종류의 이야기를 만드는 것은 가능하다고 주장한다. 우선 a에다 강조점을 두게 되면, 기원(Origin)

을 중시하는 이야기가 되며, n에다 강조점을 두게 되면 결말을 중
시하는 이야기가 될 수 있다. b를 강조함으로써 어떤 과정을 중시
하는 이야기를 구성할 수도 있다.

나) $\mathbf{A}$, b, c ⋯ n
다) a, $\mathbf{B}$, c ⋯ n
라) a, b, c ⋯ $\mathbf{N}$

뿐만 아니라 연대기 중 일부를 생략하고 이야기를 구성할 수도
있다. 이런 다양한 구성은 이야기로서의 역사가 역사가의 구성물에
불과하다는 주장을 뒷받침한다. 화이트는 역사가가 연대기를 이야
기로 만들 때 다음과 같은 질문들을 반드시 제기하지 않으면 안 된
다고 본다. 먼저 이야기의 줄거리를 구성하기 위해 "왜 하필 저런
형태가 아니라 이런 형태로 사건들이 일어났는가?", "사건들은 결국
어떻게 되었는가?" 등의 질문을 던지고 이에 대답해야 한다.
사건들을 서로 연관 짓는 것만으로 설명이 완성되었다고 보기는
어렵다. 하나의 이야기가 완성되려면 사건들의 전체 집합이 어떤
구조 속에서 드러나야 한다. 이때 제기되는 질문은 다음과 같은 것
들이다. "이 사건들 모두는 결국 무엇을 의미하는가?", "사건들 모두
의 핵심은 무엇인가?" 이런 물음에 대한 대답이 형식적 논증에 의한
설명이다.

사건의 설명에는 윤리적 요소도 불가피하다고 화이트는 주장한다. "사건들은 자유를 신장시켰는가? 아니면 후퇴시켰는가?", "사건들은 역사의 진보를 초래했는가? 아니면 역사의 퇴보를 초래했는가?" 이데올로기 함축에 의한 설명이란 바로 이런 물음들에 대한 대답이다.[40]

이야기 줄거리 구성에 의한 설명이란 일련의 사건들을 어떤 형태의 이야기로 전환시키는 방법이다. 이런 설명 양식이 로맨스, 희극, 비극, 풍자로 나누어진다는 것은 역사가가 로맨스나 희극, 비극, 풍자 중 어느 하나에 기반해서 이야기를 구성할 수 있음을 의미한다.

캐나다의 비평가인 노스럽 프라이는 뮈토스의 이론에서 희극은 봄의 뮈토스로, 로맨스는 여름의 뮈토스로, 비극은 가을의 뮈토스로, 아이러니와 풍자는 겨울의 뮈토스로 규정한다. 희극의 원형적인 주제는 주인공의 다시 나타남이다. 자주 일어나는 사건은 젊은 남자가 젊은 여자하고 결혼하고 싶어 하지만, 어떤 장애에 부딪히게 되며, 이때의 장애는 대개의 경우 양친의 반대라는 형식으로 나타난다. 그러나 종국에는 어떤 역전이 일어나 주인공은 결국 그 젊은 여성을 아내로 맞이할 수 있게 된다.[41]

이때 희극의 움직임은 보통 한 종류의 사회로부터 다른 종류의 사회로의 움직임이다. 희극이 그 결말에서 얻게 되는 새로운 사회는 가능한 한 많은 수의 사람들을 참여시키는 경향을 갖는다. 방해꾼들도 추방당하기보다는 화해하거나 개심하는 경우가 더 많다.[42]

연극 햄릿

로맨스란 원래 중세에는 라틴어가 아닌, 속어 즉 로망스어로 쓰인 사랑과 무용을 다룬 기사들 모험담을 의미했다. 토마스 맬로리의 『아서왕의 죽음』은 대표적인 로맨스다. 근대 이후, 영국에서는 장편소설은 노벨(Novel), 소설보다 저급한 모험적, 가공적, 괴기적 전기소설(傳奇小說)을 로맨스라고 나누기도 한다.

이런 기준을 적용해 보면, 소설과 로맨스 사이에는 주인공의 위상에서 본질적인 차이가 존재한다. 소설의 주인공은 실제의 인간을 모델로 삼는 데 반해, 로맨스의 주인공은 몽상에 의해 이상화된 인간심리의 원형을 반영하는 인물이다. "주인공이 다른 사람보다 뛰어나고 또 자신이 처해 있는 환경보다 뛰어나다고 하더라도, 이 뛰어남이 정도의 차이에 지나지 않는다면 그 주인공은 전형적인 로맨스의 영웅이다."[43] 여기서 뛰어남이 정도의 차이라는 것이 중요하다. 질적으로 완전히 다르다면 이 주인공은 신적인 존재가 되어 그에 대한 이야기는 신화가 될 것이며, 보통 정도라면 소설의 주인공에 불과할 것이기 때문이다.

보통사람들의 눈으로 보면 그의 행동은 불가사의하다. 로맨스의 영웅이 행동하는 세계에서는 일상의 자연법칙이 일부 정지되기 때문이다. 말하자면 보통사람들에게는 부자연스러운 용기나 인내의 기적이 그에게는 자연스러운 것이 되며, 요술을 부리는 무기나 기적을 일으키는 힘을 갖고 있는 부적 등도 개연성의 법칙에 위배되는 것이 아니다.

로맨스의 원형적인 주제는 갈등이다. 그것은 로맨스의 기본이 되는 것은 경이에 찬 모험의 연속이기 때문이다. 가장 소박한 형식에서 로맨스는 나이도 먹지 않는 주인공이 하나의 모험이 끝나면 다음 모험을 계속하는 끝이 없는 형식을 취한다.

로맨스는 두 개의 주된 형식으로 나뉠 수 있다. 그 하나는 기사도 정신과 의협행위를 다루는 세속적 형식이고, 다른 하나는 성도의 전설이 중심이 되는 종교적 형식이다. 이 둘 중 어느 쪽의 형식을 취하든 이야기의 흥미는 주로 자연법칙이 기적적으로 깨어져 버린다는 사실에 집중되고 있다.[44] 역사적으로 볼 때 로맨스는 귀족계급의 전유물이었지만, 소설은 부르주아지의 서사시다. 낭만주의의 영웅숭배나 민족주의의 건국서사시는 로맨스의 새로운 변형본이다.

가을의 뮈토스인 비극의 원형적 주제는 파국이다. 비극의 주인공은 보통사람들과 비교하면 대단히 위대하다. 그러나 그의 배후에는 어떤 존재가 있으며, 이 존재와 비교하면 그는 하찮은 존재에 지나지 않는다. 신이나 운명, 우연, 운수, 필연, 환경 등이 이 어떤 존재에 해당된다. 전형적인 비극의 주인공은 운명의 수레바퀴의 정점에 있으며, 그렇기 때문에 지상의 인간사회와 천상의 보다 위대한 존재의 중간에 위치하고 있다. 프로메테우스, 아담과 그리스도는 천상과 지상의 중간, 천국적인 자유의 세계와, 지상의 제약적 세계의 중간에 매달려 있다. 밀턴의 삼손은 필리스티아의 신전을 파괴하지만, 그 파괴와 더불어 자신의 죽음도 맞이한다. 햄릿도 덴마크 궁전을 거의 전멸시키지만, 동시에 자신도 몰락한다.[45]

겨울의 뮈토스인 풍자의 원형적인 주제는 혼란과 무질서가 세계를 지배하고 있다는 느낌이다. 풍자(Satire)는 주어진 사실을 과장, 왜곡, 비꼬아서 표현하는 방법으로, 현실적 권력과 권위를 가진 주인공을 부정적으로 제시하고 비판한다. 『양반전』, 『호질』, 『흥부전』은 모두 풍자 작품들이다. 한 사회를 지배하고 있는 모순과 부조리에 대해 풍자는 부정적이고, 비판적인 태도를 취하므로 아이러니(Irony)와 비슷하게 생각되지만, 아이러니보다 날카롭고 더욱 공격적이다. 그렇지만 공격은 욕설 같은 직접적인 방식이 아니라 모욕, 경멸, 조소 등을 통해 간접적인 빈정거림으로 나타난다. 넓은 의미의 풍자는 어리석음의 폭로, 사악함에 대한 징벌을 주축으로 하는 기지, 조롱, 반어, 비꼼, 냉소, 조소 등의 어조를 모두 포괄한다.

화이트는 역사가가 이야기를 구성할 때 이야기의 네 가지 형식

중 하나를 선택해서 작업할 수밖에 없다고 본다. 역사가는 이런 원형적인 이야기 형식이 갖는 인식 기능을 활용해서 실제로 일어난 사건을 설명하려고 하기 때문이다. 예컨대, 미슐레는 모든 역사 저술을 로맨스 형식으로 썼으며, 랑케는 희극 형식으로, 토크빌은 비극형식으로, 부르크하르트는 풍자 형식으로 썼다.[46]

이런 주장은 다음과 같은 사실에 근거한다. 쥘 미슐레의『프랑스의 역사』는 구체제에 저항하여 끝내 승리하는 민중들을 중심으로 쓴 역사서며, 랑케의『보편사의 이념』은 역사가 보다 나은 방향으로 전진하는 낙관주의에 기초해 있다.

알렉시스 드 토크빌(Alexis-Charles de Tocqueville)은『구제도와 프랑스혁명』에서 역사를 평등을 향한 부단한 진전으로 보고, 이 평등화의 과정은 보편적이고 영속적인 신의 의지라고 보았다. 그렇지만 그는 평등화는 한편으로는 다수의 전제와 중앙집권화를 초래하며, 다른 한편으로는 개인의 자발적 예종을 낳는다고 주장했다. 야콥 부르크하르트(Jacob Burckhardt)는『이탈리아 르네상스의 문화』라는 이탈리아 르네상스에 대한 가장 영향력 있는 저술을 남겼지만, 그는 역사의 진보를 부정했다.

화이트의 논의들은 결론적으로 무엇을 말하는가? 그것은 역사가가 연대기적 사실들을 기초로 하여 이야기를 만든다는 것을 밝힘으로써, 역사와 역사소설이 본질적으로 구별되지 않는다고 주장한다. 포스트모더니즘의 역사가들은 대체로 헤이든 화이트와 같은 입장을 취한다. 김기봉 교수는 『역사들이 속삭인다』에서 사실(Fact)과 허구(Fiction)를 결합함으로써 팩션(Faction)이라는 장르가 성립한다고 주장하면서 역사를 사실과 허구의 종합으로 이해하려고 한다.[47] 그는 허구가 역사에 들어갈 수 있는 통로를 두 가지로 보는데, 하나는 사실에 허구를 덧씌움으로써 팩션을 만드는 길이고, 다른 하나는 사실로 주어진 이야기의 주제를 변주하여 새로운 스토리텔링을 하는 길이다. "과거를 이야기로 만들기 위해서는 반드시 플롯이 구성되어야 하는데, 이 플롯이란 사실이 아니라 역사가가 상상력으로 창안한 허구이다. 역사가가 과거로부터 사실을 발견하여 그것을 토대로 이야기를 만들어 내는 일을 한다면, 모든 역사는 사실이라는 내용과 허구라는 형식이 결합한 팩션이라는 주장이 성립한다."[48]

4) 서사주의의 치명적 난점들

물론 단순한 연대기와 이야기 역사는 다르다고 해야 할 것이다. 이야기 역사는 연대기를 소재로 하여 새롭게 만든 것이기 때문이다. 그렇지만 이런 과정이 화이트 식으로 어떤 틀을 뒤집어씌우는 작업이라 할 수 있을까? 예컨대 우리가 매일 쓰는 일기는 연대기에 비유될 수 있고, 이 일기를 소재로 해서 자서전을 쓴다고 할 때, 그것이 일기의 내용을 완전히 왜곡시켰다고 할 수 있을까? 제대로 된 자서전이 되려면 자서전의 구성도 일기의 내용에 기반해야 하듯이, 이야기 역사의 구성도 사실의 구조에 기초하지 않으면 안 된다고 할 수 있다.

이야기는 사실과 관계없이 우리가 만든 가상의 틀을 의미할 수도 있지만, 사태를 반영하는 틀로서 기능할 수도 있다. 이것은 이야기가 사실에 기반해서 진행될 수도 있다는 것을 의미한다. 예컨대 다큐멘터리는 실제로 있었던 어떤 사건을 사실적으로 담은 영상물이나 기록물이다. 물론 기록물도 기록자의 관점이 들어갔다고 주장할 수 있겠지만, 기록자의 관점이 들어갔다고 해서 모두 사실을 왜곡시키는 것이 아니라는 것은 3장에서 자세하게 논의될 것이다.

3장. 역사는 과거의 재현이다

인식이란 인식 주관이 대상의 성질이나 구조를 파악하는 것이다. 이때 인식의 정당성이 언제나 문제가 된다. 인식주관의 어떤 문제 때문에 대상을 제대로 파악하지 못하는 경우도 발생하기 때문이다. 프란시스 베이컨의 우상론은 인식의 오류를 초래하는 주관의 편견을 논의한 것이다.

역사주관주의는 역사적 지식을 진정한 객관적 지식이 아니라고 본다. 그것은 객관적으로 검증 가능하지 않다고 보기 때문이다. 반면에, 역사객관주의는 역사적 지식도 당당히 객관적 지식이 될 수 있다고 본다.

1. 고전적 객관주의: 있었던 그대로의 과거를 재현한다[01]

1) 과학적 지식의 객관성

과학은 객관적 지식을 추구한다. 근래 포스트모더니즘을 비롯한 패러다임 논자들이 과학의 지식도 객관적 지식이 아니라는 주장을 펴고 있지만, 이들의 주장 근거는 설득력이 빈약하다. 과학사의 관점에서 보면, 이들은 지식사회학의 현대판에 불과하다.

이와는 반대로 베네딕토 크로체나 마틴 하이데거 같은 사람은 예술도 객관적 지식을 추구한다고 주장한다. 이런 유의 사람들은 경우에 따라서는 예술이 과학보다 더욱 심오하고 풍부한 지식을 얻고 자 노력한다고 말한다. 물론 아무도 예술이 지식과 전혀 무관하다 고 주장하지는 못할지도 모른다. 한 편의 시가 더욱 깊은 차원에서 세계의 본질을 보여 줄 수도 있다. 그렇지만 예술은 미의 차원에서 하는 작업이기 때문에 예술이 설사 지식의 측면을 갖고 있다고 할 지라도, 과학의 객관성과 동일하다고 말할 수는 없을 것이다. 과학 적 지식의 객관성은 미의 세계와는 관계가 없기 때문이다.

과학적 지식의 객관성을 주장하면서도, 객관성을 주관적 경험의 확신과 동일시하는 사람들도 있다. 그렇지만 아무리 개인적 확신이 나 집단적 확신이 강력하다 해도, 그것이 어떤 주장을 정당화하지 는 못한다. 아무리 의심할 수 없는 자명한 확신도 과학적 지식의 객 관성을 보증해 줄 수는 없다. 확신을 객관성과 동일시하려는 태도 는 절대자에 대한 신자들의 믿음이 매우 강렬하기 때문에 절대자가 존재한다고 주장하는 것과 같은 논리이다. 나의 확신이 강하냐 약 하냐, 자명하냐 아니냐, 저항할 수 없을 정도로 강력한 인상으로부 터 왔느냐 아니면 의심스런 추측인가 하는 것들은 과학적 진술들이 어떻게 객관적으로 정당화되느냐하는 문제와는 아무런 관련이 없 다.[02]

우리는 어느 때 객관적 지식을 소유한다고 할 수 있는가? 객관적 지식에 대한 추구는 어떻게 진행되는가? 우리가 객관적 지식을 가 졌다고 할 경우란 객관적인 증거나 자료를 확보했을 때이다. 그리

프란시스 베이컨의 『신기관』

고 그것이 검증되거나 반증되지 않을 때이다. 말하자면 객관적인 증거나 자료에 의해 뒷받침되면서도 반증되지 않을 때, 객관적인 지식은 성립한다.

증거나 자료의 객관성은 어떻게 확보할 것인가? 과학은 자료의 객관성을 확보하기 위해 관찰과 실험에 몰두한다. 개인적 편견이나 선호의 제거를 위해 실험은 여러 상황에서 행해진다. 다른 사람의 실험과 관찰에 대한 비판도 객관성을 높이는 한 방법이다. 이런 작업은 비개인적인 이성의 활동이라 할 수 있다. 그러므로 이성은 누가 판단을 내리든 상관하지 않는다. 예컨대 A가 상황 X에서 a 판단을 내리는 것이 합리적이라면, 누구라도 X 상황에서 a 판단을 내리는 것이 합리적이다.

이제 어떤 주장(H)을 뒷받침하는 증거(e)가 객관적으로 확인되었

데카르트의 『방법서설』

다면, 지식의 객관성은 확보되었다고 할 수 있는가? 주장과 증거의 관계는 그렇게 단순하지 않다. 증거 e가 어떤 주장 H를 전적으로 뒷받침하지 못하는 경우도 있기 때문이다. "한국 사람인 김모는 우수하다"는 주장은 그 특수한 경우가 확인될 때 정당화될 수 있다. 그러나 이론은 구체적인 사례 하나만이 아니라 사례들의 집합에 대해 주장한다. 예컨대 "한국 사람은 우수하다"고 할 때 한국사람 한두 사람에 대해 하는 이야기가 아니다. 이때 '갑'이라는 한국 사람이 우수하다는 사례, 즉 증거 e를 우리가 확보했다고 할지라도. 이것은 주장 H를 100% 정당화하지 못한다.

여기서 검증주의와 반증주의가 대립한다. 검증주의는 증거 e를 많이 누적시키면 주장 H를 뒷받침할 수 있다고 주장하는 반면, 반증주의는 증거 e를 아무리 많이 누적시킨다 해도 주장 H를 정당화시키지 못한다고 본다. 이 논쟁은 확률의 문제까지 연관되는 복잡한 논쟁이지만, 과학의 객관성과 연관되는 한, 반증주의가 더욱 설득력을 갖는다.

반증주의의 입장에서 보면, 우리는 절대적 진리를 손에 넣을 수는 없다. 단지 역사의 긴 과정을 통해 진리에 접근해 갈 뿐이다. 우리의 이성은 언제나 오류를 범할 수 있기 때문이다. 우리가 아무리 명백해 보이는 과학적 지식조차도 잠정적이고 가설적이라고 하는 것은 이런 이유 때문이다. 우리가 이성적 활동에 의해 객관성을 추구한다고 할지라도, 절대적 확실성에는 도달하지 못할지도 모른다. 칼 포퍼는 다음과 같이 주장한다. "객관적 과학의 경험적 기초는 절대적인 어떤 것을 갖지는 않는다. 과학은 단단한 바위 위에 기초해 있지는 않다. 그것은 말뚝 위에 세워진 건물과 같다. 그 말뚝들은 위로부터 늪 속으로 박혀 있지만, 어떤 자연적인 기초나 주어진 기

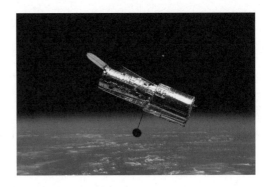

현미경과 망원경

초까지는 내려가지 못하고 있다. 그러나 우리가 말뚝을 더욱 깊게 박지 않는 것은 우리가 단단한 땅에 도달해서가 아니라, 단지 그 말뚝들이 적어도 당분간은 이론의 구조를 지탱하기에 충분할 만큼 단단하다는 데 우리가 만족하기 때문이다."[03]

지식의 성장에서 합리적 비판은 결정적으로 중요한 역할을 수행한다. 이성의 오류 가능성에도 불구하고 합리적 비판에 의해 진리로의 근접이 가능해지기 때문이다. 포퍼의 다음과 같은 주장은 비판의 의미를 극명하게 보여 준다. "나는 절대적으로 확실하게 알지는 못한다. 나는 다만 추측할 뿐이다. 그렇지만 나는 추측을 비판적으로 검토할 수 있다. 그리고 그 추측이 엄격한 비판을 견뎌 낸다면, 그것 자체가 그 추측이 옳다는 충분히 비판적인 이유라고 볼 수 있을 것이다."[04]

2) 고전적 객관주의의 이상

고전적 역사객관주의를 대표하는 역사가는 19세기에 활동했던 독일의 레오폴드 폰 랑케다. 헤로도토스에게 서양 역사학의 아버지라는 명칭이 붙어 있듯이 랑케에게는 '근대 역사학의 아버지'라는 명칭이 붙어 있다. 그가 과학적인 학문으로서 역사학의 기초를 닦았기 때문이다. 랑케는 『라틴 및 게르만 여러 민족의 역사 1494~1514(Geschichte der romanischen und germanischen Völker von 1494 bis 1514)』(1824)를 출간하면서 역사학자로서 이름을 알리기 시작했다.

이 책의 서문은 지금도 인구에 회자되고 있다.

이 책은 라틴 민족과 게르만이 관련된 모든 역사들을 총체적으로 이해
하려는 것이다. 지금까지의 역사 연구는 과거를 심판하고 동시대인에
게 미래의 행복을 제시하는 임무를 수행해 왔다. 그렇지만 이 책은 그
와 같은 고상한 임무를 수행하고자 하는 것이 아니라 단지 과거가 실제
로 어떠했는가(wie es eigentlich gewesen)를 보여 주고자 할 뿐이다.⁰⁵

이 서문의 핵심어는 역사학자라면 누구나 다 아는 '본래 있었던
그대로'이며, 과거의 재현을 통해 역사학의 과학적 성격을 결정짓
고자 하는 것이다. 그는 이렇게 함으로써 역사가 교훈적이거나 실
용적인 차원에서 수단으로 사용되는 것을 막고, 철저히 객관성에

경주 고분에서 발굴된 천마도

기초하여 역사학을 독자적인 학문으로 정초하고자 했다. 랑케의 이러한 태도를 '역사의 실증주의'라고도 부르는데, 이것은 지금까지 심대한 영향력을 행사하고 있다.

과거의 사실을 있는 그대로 드러내기 위해 랑케는 선입견이나 편견, 당파성이나 이해관계를 벗어나서 사실을 바라봐야 한다고 주장했다. 우리가 이해관계에 사로잡혀 있는 한 사물을 제대로 볼 수 없기 때문이다. 랑케는 이런 주장을 다음과 같이 표현했다. "나는 나의 자아를 제거하여 다만 사실로 하여금 말하게 하며, 강대한 모든 힘을 눈앞에 나타나게 하려고 할 뿐이다."[06] 그는 주관을 완전히 없애 버리는 이런 금욕적 자세를 역사가의 제일 덕목으로 간주했다.

랑케는 역사적 사실 하나하나가 지닌 개별성을 중시했기 때문에, 역사의 진보조차도 인정하지 않았다. 각 시대는 독자적인 성격과 의의를 지니며 그 자체로서 완결된 것임을 주장했다. 만약 우리가 역사를 진보의 과정으로 본다면 앞선 시대는 그 자체로 독자적인 가치와 개성을 갖고 있다기보다는 뒷 시대를 위한 디딤돌밖에는 되지 못할 것이기 때문이다. 그는 이런 태도를 모든 시대는 신에 직결된다고 표현했다.

그는 역사객관주의를 주장하기 위해 사료비판을 매우 엄격하게 수행했다. 그는 『라틴 및 게르만 여러 민족의 역사 1494-1514』가 1차 사료에 의해서만 집필되었다고 다음과 같이 말했다.

그렇다면 이 같은 새로운 연구는 어떤 출처에 근거해서 이루어질 수 있을까? 이 책의 근거, 말하자면 이 책의 출처는 회고록, 일기, 서한, 외교관의 보고서, 목격자 자신의 기술이다. 이 밖의 저술은 오로지 전자에서 직접 끌어온 것이거나 혹은 1차적인 지식을 통해 그것과 비견될 만한 것으로 생각될 때만 고려 대상이 되었다.[07]

이런 태도는 펠로폰네소스 전쟁(B.C.431-B.C.404)을 기록한 투키디데스가 실천했던 자세와도 비슷하다. 투키디데스도 직접 목격한 것을 위주로 했고, 들은 이야기의 경우는 자신이 직접 그 신빙성을 검토한 후에 기록했던 것이다.

랑케가 1차 자료를 바탕으로 역사를 쓸 수 있었던 것은 당시 문서보관소의 공문서 공개 덕분이었다. 1830년을 전후해서 유럽의 여러 나라들은 지금까지 공개하지 않았던 문서를 공개하기 시작했다. 랑케가 활동하던 시기에는 문서 보관소의 공개로 문서가 넘쳐났다. 지금까지 한 번도 역사 서술에 이용되지 않은 문서들이 쏟아져 나왔고, 이런 1차 자료를 근거로 한 랑케의 책들은 여러 주제들에 대한 최초의 본격적인 연구가 되었다.[08]

케임브리지 대학 교수였던 존 베리(John Bury)도 역사를 "과학, 그 이상도 그 이하도 아니다."라고 주장했다.

역사학은 문학의 한 분야가 아니다. 역사학의 사실은 지질학이나 천문

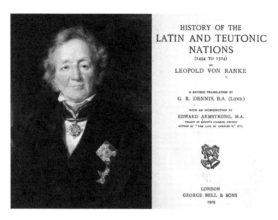

랑케와 『라틴 및 게르만 여러 민족의 역사』

학의 사실들과 마찬가지로 문학에 자료를 제공할 수 있다. … 그러나 별들의 이야기를 예술적인 형태로 제시하는 일이 천문학자의 임무가 아니듯이, 인간 사회의 이야기에 문학의 옷을 입히는 것은 역사가의 임무가 아니다.[09]

랑케의 노선을 지지했던 영국의 역사가 액턴(Acton of Aldenham)은 다음과 같이 주장했다.

우리가 저술하는 워털루 전투는 프랑스인, 영국인, 독일인, 네덜란드인을 모두 다 똑같이 만족시켜 주는 것이 되어야 한다. 누구라도 필자 목록을 들춰 보지 않고서는 옥스퍼드 주교(主敎)가 어디에서 펜을 놓았는지, 그 펜을 집어 든 사람이 페어베언(Fairbairn)인지 개스케(Gasquet)

인지 리베르만(Liebermann)인지 해리슨(Harrison)인지 알 수 없어야 한다.[10]

저자가 누구인지 상관할 필요조차 없다는 주장은 자연과학의 실험에서 실험자에 관계없이 실험의 결과는 동일하다는 논리와 비슷하다. 이런 주장은 가장 강력한 과학주의이다.

3) 문제점

고전적 역사가들은 대체로 사실 그대로의 객관성을 추구하기 위해 모든 선택적 관점을 포기하고자 했다.[11] 선택적 관점은 불가피하게 우리의 주관적 가치를 포함하고, 이 가치는 결국 객관성을 불가능하게 만든다고 판단했기 때문이다. 이런 입장에서 만델바움은 "역사가의 과제는 인간의 과거에 대한 전체적 진리에 가능한 한 가까이 접근하는 것"[12]이라고 주장했고, 랑케는 역사가의 임무가 과거의 사건들을 실제로 일어났던 그대로(Wie es eigentlich gewesen) 재현하는 것이라고 믿었다.

그러나 여기에는 치명적인 난점이 숨겨져 있었음이 나중에 확인되었다. 즉, 선택의 관점을 포기함으로써 객관성을 확보하고, 원자적 사실 하나하나를 백과전서식으로 축적함으로써 전체적 사태에 도달하고자 하는 시도는 귀납주의적 방법의 문제점과 함께 좌절될 수밖에 없었다. 단순한 연대기적 역사에 있어서도 선택적 관점은 불가피하며, 선택적 관점을 피하려는 시도들은 결국 자기 파멸에 이를 뿐이다. 그러므로 역사관이 없는 역사를 주장하는 자들은 단지 자신들이 선택한 관점을 스스로 의식하지 못하고 있는 것에 불과하다고 할 수 있다.

2. 객관주의에 대한 새로운 모색: 관점에 기초하여 과거를 재현한다[13]

우리가 아무리 역사객관주의나 과학적 역사학을 주장하고 싶어도, 역사주관주의자들이 제기하는 의문들에 제대로 대답하지 않으면 그 희망은 그야말로 "고상한 꿈"에 불과할 것이다.[14]

역사주관주의자들이 역사의 객관성을 부정하면서 주장하는 핵심 논리는 다음과 같은 것들이다. 현재주의자들의 주장은 우리는 현재 우리가 갖고 있는 이해 지평을 넘어설 수 없다는 것이고, 실용주의자들의 주장은 우리가 실용성의 틀을 벗어날 수 없다는 것이다. 탈근대주의자들의 주장이란 우리는 누구나 자기 나름의 관점을 가질 수 있을 뿐만 아니라 언어의 장벽에 갇혀 과거의 실재에 다가갈 수 없다는 것이다. 논리적으로 보면 현재주의와 실용주의는 지식사회학의 논리 위에 기초해 있다고 할 수 있고, 탈근대주의는 언어적 전회에 토대를 두고 있다. 그러므로 역사객관주의를 주장하려면 이들의 논리가 잘못되었다는 것을 논증해야 한다. 나는 다른 곳에서 지식사회학에 대한 비판을 자세히 전개했기 때문에[15] 여기에서는 관점의 다양성 문제와 언어적 전회를 중점적으로 논의하려고 한다.

1) 현대적 객관주의의 특성

랑케로 대변되는 고전적 객관주의는 '있었던 그대로의' 과거를 재현한다는 고상한 이상을 추구했지만, 그 이상이 이루어지기 어려운 꿈이라는 사실이 밝혀졌다. 여기서 역사주관주의자들은 역사란 과거의 재현이 아니라 우리가 만든 이야기에 불과하다는 주장을 하기에 이른다. 그렇지만 역사주관주의는 목욕물을 버리려고 하다가 아이까지 함께 던져 버리는 어리석음을 범했다고 할 수 있다. 역사주관주의는 그럴듯해 보이지만 역사의 이념을 망각해 버렸다. 고전적 객관주의의 문제점을 극복하면서 객관주의에 대한 새로운 모색을 할 수밖에 없는 이유가 여기에 있다. 역사객관주의에 대한 새로운 모색은 고전적 객관주의가 배제하고자 했던 관점들을 용인하면서도 과거의 재현을 추구하는 것이다.

오늘날의 인식론적 관점에서 보면 관점의 역할이나 중요성을 배제해 버리는 실증주의나 귀납주의는 정당화되기 어렵다고 판단된다. 이들은 모두 존 로크식의 백지상태(Tabla Rasa)에서 관찰이 가능하며, 구체적 관찰을 하나하나 축적하면 보편적 지식이 이루어질 것으로 상정한다. 그렇지만 순수한 관찰은 불가능하다고 봐야 한다. 그것은 생물학적인 측면에서도 입증된다. 생명체는 생존을 위한 기초적 지식을 유전적으로 갖고 태어나기 때문이다. 뿐만 아니라 우리가 처한 상황에 따라 사물을 보는 관점이 달라진다는 것은 '관찰의 이론 의존성' 논제가 잘 보여 준다.

포퍼는 귀납주의가 학문의 방법론으로 성립될 수 없다는 논의를 여러 곳에서 논증해 보여 주었다. 귀납적 관찰도 순수한 관찰이 아니라 관점을 전제로 한 관찰이며, 또한 개별적 관찰을 아무리 많이 축적시켜도 여기에서 보편적 지식이 도출되지는 않는다는 것이다. 이런 논리에서 보면, 일단 관찰이나 인식에서 관점의 중요성을 배제할 수는 없을 것으로 생각된다. 그렇지만, 관점을 용인한다 해서 모든 문제가 해결되는 것은 아니다.

실증주의나 귀납주의가 관점을 배제하려 했던 이유는 주관의 개입은 객관적 인식을 불가능하게 한다고 생각했기 때문이다. 이제 다시 관점을 불러들인다면 다시 문제가 발생하지 않겠는가? 역사 인식에서도 마찬가지다. 고전적 객관주의는 '객관적 역사'를 위해 역사가의 관점을 철저히 배제한 후 사건 하나하나를 있는 그대로 기록하여 축적시키고자 했다. 그렇지만 수많은 사건들을 모두 기록할 수는 없는 한에서 일어난 사건들 중에서 선택할 수밖에 없으며, 선택에는 동시에 관점이 불가피하다는 점은 드러나게 되었다. 그렇지만 관점의 허용은 역사주관주의를 허용하는 것은 아닐까?

관점을 허용하면서도 역사객관주의를 주장할 수 있는 비법은 무엇인가? 나의 해결책은 두 가지이다. 하나는 관점 자체를 두 종류로 나누어, 역사객관주의와 양립 가능한 관점만을 허용하는 것이고, 다른 하나는 관점들의 통합을 통해 관점의 주관적 측면을 최대한으로 축소시키면서 객관성을 높이는 것이다.

2) 두 종류의 관점: 조망적 관점과 투사적 관점

관찰이 순수한 상태에서 이루어지는 것이 아니라 어떤 이론이나 관점의 안내하에 이루어진다는 점과, 역사는 일어난 사건 모두를 기록하는 것이 아니라 어떤 기준에 맞추어 중요한 사실만 선택적으로 기록한다는 사실을 고려한다면, 역사인식에서 관점의 불가피성을 부정할 수는 없을 것이다.

관점은 원래 르네상스 시대에 확립된 회화의 표현기법을 의미하는 것이었다. 즉 하나의 고정된 관점에서 보이는 그대로 그림을 그리는 기법으로, 원근법이라고도 한다. 이때 동일물이라도 멀리 있는 것은 작게 보이고, 가까이 있는 것은 크게 보이며, 그 배후 면은 은폐되어 볼 수 없다. 또 보는 각도가 다름에 따라 옆면이나 윗면이 부각되고 다른 부분은 보이지 않게 된다.

고전적 실증주의자들은 역사인식에서도 모든 관점을 거부하고자 했다. 일체의 주관적 요소를 배제하고 사실 자체를 논의의 중심에 두어야만 사실 자체를 드러낼 수 있다고 생각했기 때문이다. 말하자면 우리가 오목렌즈나 볼록렌즈를 끼고 사물을 보거나 깨어진 안경을 통해 사물을 본다면, 사물이 일그러져 보이는 것과 똑같이, 주관의 개입은 어떻든 사물을 제대로 보지 못하게 하는 장애요인이라는 것이다.

그렇지만 우리가 사진을 찍을 때 초점을 맞추어서, 즉 어떤 대상을 중심으로 해서 찍는다든가, 연극에서 주인공에게 스포트라이트를 비추어 주인공을 부각시킬 때, 우리의 관점이 작용하고 있는 것은 사실이지만, 이런 관점이 사물을 왜곡시킨다고 할 수는 없을 것이다. 이런 경우들은 단지 우리의 관심의 대상을 더욱 잘 드러나게 할 뿐이다.

관점(Viewpoint, Sehepunkt)은 '보는 각도'나 '보는 위치'를 의미한다. 대상의 인식에서 관점은 매우 중요하다. 우리가 어떤 관점에서 대상을 보느냐에 따라, 대상의 다른 모습을 보게 되기 때문이다. 역사 인식에서 관점의 중요성은 더욱 커진다. 관점이 다름에 따라 역사 세계를 전혀 다르게 재구성하기 때문이다. 나는 관점의 이런 양면성을 조망적 관점(focal viewpoint)과 투사적 관점(projective viewpoint)으로 나누고자 한다. 조망적 관점은 관심 있는 부분을 중심으로 해서

정신분열증 환자가 보는 고양이

사물들을 드러내는 관점이고, 반면에 투사적 관점이란 어떤 특수한 심리 상태에서 사물을 바라보는 관점이다.

우리가 대상 a, b, c가 연결되어 있는 한 장면을 b에다 초점을 맞추어 사진을 찍고자 할 때나, 여러 배우들이 동시에 등장하는 무대에서 주인공에 스포트라이트를 비추는 경우를 생각해 보자. 이때의 시각조절은 관심의 대상을 왜곡시키는 것이 아니다. 그렇지만 정신분열증 환자가 자신과 아무 연관이 없는 사건들을 자신과 연관시켜 해석한다거나, 현실을 자기중심적으로 바라볼 때, 이런 시각은 사물을 제대로 드러내는 관점일 수 없다. 이런 관점은 자신의 심리상태를 외부세계에 투사해서 대상을 왜곡시킨다. 비단 정신분열증 환자가 아니라도 이런 투사적 관점은 얼마든지 가능하다. 예컨대 입체파 화가나 추상파 화가가 자기 나름의 관점에서 대상을 그릴 때 그는 자신의 특이한 정신상태를 반영하는 관점에서 대상을 그린다

스포트라이트

고 할 수 있다. 이것은 현실에 대한 객관적 인식이 아니다.

3) 조망적 관점과 인식의 객관성

우리가 관점을 이와 같이 조망적 관점과 투사적 관점으로 나눌 때, 조망적 관점이 사실을 왜곡시킨다고 말할 수 있을까? 우리가 합리적으로 이런 주장을 하기는 어려울 것이다. 왜냐하면 관점에 따라 사물의 모습이 다양하게 달라진다 해도, 그것은 여전히 사물의 모습일 것이기 때문이다. 예컨대 광화문광장의 이순신 장군 동상을 정면에서 바라보았을 때와 옆에서 바라보았을 때 그 모습들이 서로 다르다고 해서, 그 모습이 이순신 장군의 동상이 아니라고 할 수는 없기 때문이다.

보는 관점에 따라 사물이 다르게 보인다는 주장을 우리는 통상 관점주의(Perspectivism)라 부른다. 어떤 사람은 관점주의를 상대주의와 동일시하기도 하지만, 관점주의와 상대주의는 다르다고 봐야 한다. 조망적 관점일 경우, 관점의 다양성은 사물의 다양한 국면들을 드러내지만, 누구라도 특정한 어떤 관점 a에서는 사물의 특정한 국면 b를 본다는 점에서, 그것은 상대주의라고 할 수가 없기 때문이다. 상대주의라면 같은 관점 a에서도 사람에 따라 혹은 어떤 공동체나 시대에 따라 사물의 특정한 국면 b가 아니라 전혀 다른 국면들을 본다는 주장이 성립해야 한다. 그러므로 관점주의가 언제나 객관적 역사학의 포기를 의미한다고 볼 이유란 존재하지 않는다.

조망적 관점주의를 역사학에 적용할 때, 우리는 다음 두 가지를 유념할 필요가 있다. 먼저 관점주의는 역사의 자의적 해석과 동일시되지는 않는다는 점을 들 수 있다. 조망적 관점주의는 다양한 관점에서 역사를 조망할 수 있다는 것을 의미할 뿐, 사실을 왜곡하거나 우리가 생각한 이념의 틀에 맞추어도 좋다거나, 혹은 우리가 선호하는 이념의 틀에 맞지 않는 사실은 무시해 버려도 좋다는 것을 의미하지는 않는다. 우리가 어떤 관점을 택한다면, 관점과 관계없는 자료들은 관심의 대상에서 제외되겠지만, 관점과 관계 있는 자료들은 빠짐없이 검토해야 한다. 이것은 흡사 어떤 가설을 입증하기 위한 실험에서, 가설을 입증하는 자료만 선택하고 가설과 상반되는 자료들은 모두 폐기처분해 버릴 때, 제대로 된 실험이 되지 못하는 것과 유사하다.

다음으로 관점주의는 관점들의 통합을 통해 역사의 전체상을 드러낼 수 있다. 관점에 따라 역사의 다른 모습들이 나타난다. 노예제도를 폐지하기 위한 투쟁의 이야기에 초점을 맞추어 역사를 바라볼 때, 인류의 근대사는 자유를 향한 진보의 역사로 나타나지만, 근대 이후 유색인종에 가한 백인종의 침략과 약탈을 중심으로 보면, 인류의 근대사는 억압과 퇴보의 역사로 나타난다. 이때 우리가 어느 한 관점만을 고집한다면, 이 두 관점은 양립 불가능하겠지만, 이 두 관점을 상호 보완적으로 보고, 역사의 양면성을 전체적으로 이해할 수도 있다.

인디언 학살과 노예 해방

이것은 마치 한라산의 모습이 제주시에서 바라볼 때와 서귀포시에서 바라볼 때 다르다 할지라도, 두 관점은 한라산의 전체 모습을 상호보완적으로 드러내는 것과 같은 논리이다. 관점주의가 객관적 역사학을 포기할 필요가 없는 것은 이런 이유이다.

관점의 다양성을 수용하면서도 인식의 객관성을 추구할 때, 가장 중요한 것은 관점들의 전환과 통합기제를 잘 활용하는 것이다. 관점의 전환이란 다른 사람의 관점에서 사물을 바라보는 것이다. 우리는 보통 이를 역지사지(易地思之)라고 부른다. 처지를 바꾸어서 생각한다는 의미이다. 물리학에서 연구대상과 도구 간의 관계를 이해하면 연구에서 발생하는 오류를 최소화하는 것이 가능하며, 기하학의 원근법을 파악하면 어떤 상을 다른 시각으로 바라보는 것이 가능하게 되는 것은 모두 관점의 전환 때문이다. 이것은 언어적 칸트주의의 극복이 가능함을 함축한다.

도날드 데이비슨은 상호 번역 불가능한 개념체계 같은 것은 존재하지 않으며, 그런 주장은 경험주의의 제3의 독단이라는 주장을 다음과 같이 논증했다.[16]

1) 개념체계를 확인하기 위헤서는 우리가 그것을 번역할 수 있지 않으면 안 된다.
2) 한 개념체계가 번역될 수 있다면, 그것은 우리의 개념체계와 크게 다를 수 없다.
3) 그러므로 서로 완전히 다른 개념체계와 같은 것은 있을 수 없다.

나는 데이비슨과는 다소 다른 방식을 취한다. 데이비슨은 이해하는 일과 번역하는 일을 같이 보고 있다. 나는 어떤 개념체계를 이해하는 일과 번역하는 일은 달리 볼 수도 있다고 본다. 말하자면, 설사 번역 불가능한 다른 개념체계가 존재한다고 할지라도 그것이 이해 가능하다면, 관점의 전환을 통해 해석되기 전의 세계를 추정하는 것은 가능하다는 것이다. 이것은 다음과 같이 그려질 수 있다.

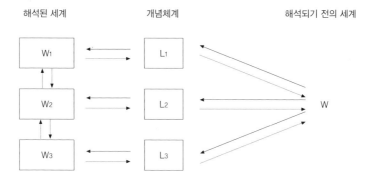

해석된 세계　　　　개념체계　　　　해석되기 전의 세계

W₁　　　L₁

W₂　　　L₂　　　W

W₃　　　L₃

관점의 전환을 통해 해석되기 전의 세계를 추정한다.

　여기서 더욱 진일보하여 나는 관점의 통합을 추구하는 일이 필요하고, 또 가능하다고 본다. 이것은 여러 관점들을 상호보완적으로 묶어 한 대상을 더욱 입체적으로 파악하려는 것이다. 많은 사람들이 관점을 논하면서 어떤 관점을 채택하는 것을 마치 우리가 감옥에 갇힌 죄수가 되는 것처럼 이해한다. 자신이 택한 관점의 노예가 된다는 의미이다. 그렇지만 이러한 이해는 매우 잘못되었다고 할 수 있다. 일상세계에서도 우리는 끊임 없이 자신의 관점에 대해 성찰과 자기비판을 하며, 다른 사람의 입장에서 사태를 보고 다른 사람을 이해하려고 노력한다. 이런 태도가 없다면 상호이해가 불가능할지도 모른다. 이성이란 바로 자신을 대상화하여 자신을 성찰할 수 있는 능력이라고 할 때, 역지사지를 부정하는 것은 인간이 이성적 존재임을 부정하는 것이라 할 수 있다.

지금까지의 논의에서 관점주의가 어떤 하나의 관점과 그것에 기초한 해석만 하는 주장이 아니라, 다양한 관점과 해석이 가능한 주장임이 밝혀졌다. 여기서 우리는 다음과 같은 질문들을 던질 수 있다.

　모든 관점과 해석은 동일한 값을 가지는가? 관점주의가 다양한 관점을 주장한다고 해서, 모든 관점을 똑같이 취급하는 것은 아니다. 예컨대 a, b 두 관점이 존재하고, a가 b보다 사물이나 사실을 더욱 폭넓게, 그리고 더욱 일관되게 드러내 보일 때, a는 b보다 낫다고 판단하지 않을 수 없을 것이다. 관점주의의 논리는 역사에도 그대로 적용될 수 있다. 역사를 보는 관점이나 해석에서도 우열을 가리는 기준이 존재한다는 것을 의미한다.

　이제 두 번째 문제로 가 보자. 관점들의 상호비교와 융합을 통해, 혹은 새로운 관점의 창안을 통해 보다 나은 역사적 해석은 가능한

자유의 여신상의 전후좌우

가? 답은 이미 나와 있다. 우리가 더욱더 나은 관점을 찾으려고 하는 것은 얼마든지 바람직하다. 역사학이 새로운 방법론을 개발하거나 인접학문의 발달이 이것을 가능하게 할 것이다. 우리가 사실을 더욱더 잘 보려고 노력해서는 안 될 이유란 어디에도 존재하지 않는다.

4) 관점의 통합

프리드리히 니체(Friedrich Nietzsche)가 '관점'이라는 용어에 철학적인 의미를 부여했다. 니체는 이 말로써 생의 입장을 나타내고자 했다. 니체의 생의 철학에서 인식 주체는 힘에의 의지라는 관점을 본성으로 하는 인간이다. 그러므로 인식은 언제나 '힘의 상승을 통한 삶의 상승'이라는 관점에서 진행되며, 이런 점에서 인식은 해석(Interpretation)일 뿐이다.

> 오직 관점적으로 보는 것만이, 오직 관점적 인식만이 존재한다. … 힘에의 의지를 모두 제거하고, 시점을 남김없이 떼어 낸다는 것은, 우리가 그렇게 할 수 있다고 가정해도, 어떻게 할 수 있단 말인가? 이것은 지성의 거세를 의미하는 것이 아닌가?[17]

니체의 이러한 주장은 힘에의 의지라는 그의 생의 철학에서 볼 때는 불가피할지 모르지만, 어쨌든 우리가 언제나 고유한 시점

(Aspect)에 속박된다는 의미에서는 객관적 인식에 대한 부정이라 할 수 있다.

관점주의를 긍정하면서도 역사객관주의를 옹호하고자 하는 나의 입장은 통합관점주의(Integral Perspectivism)라고 할 수 있다. 통합관점주의는 관점의 다양성을 통합시킴으로써 대상을 보다 포괄적으로 볼 수 있다고 주장하면서 동시에 한 단계 더 나은 관점으로 나갈 수 있는 가능성까지 열어 두고 있다.

이런 통합관점주의에서 주장하는 역사적 사실의 객관성은 절대적 객관성이라기보다는 반증 가능성과 비판에 열려 있는 잠정적 객관성이라고 해야 할 것이다. 이때 '잠정적'이라는 의미는 사실의 성격이나 내용이 연구가 진행됨에 따라 바뀔 수 있으므로 최종적으로 확정되어 있지는 않다는 의미이지만, '객관성'의 의미는 우리 주관을 넘어서 있다는 의미를 갖는다. 그러므로 '잠정적'이라 해서 비판을 견디어 내는 한 누구든 함부로 바꿀 수가 없다.[18]

나의 통합관점주의는 상대주의를 극복하려는 점에서는 칼 만하임(Karl Manheim)의 상관주의(Relationalism)과 비슷한 측면이 있다. 지식 사회학의 창시자 칼 만하임은 자신의 이론을 상대주의(Relativism)과 구별하면서 상관주의라고 불렀다. 상대주의는 시간과 공간을 초월하는 절대적으로 보편적인 진리를 거부하며 옳고 그름은 특정상황이나 기준에 따라 결정된다고 보는 입장이다. 고대 그리스시대 소피스트 프로타고라스는 〈인간은 만물의 척도이다〉라는 명제를 제시했는데, 이 명제 속의 인간을 개개인으로 해석하면 상대주의의 의미가 명료하게 드러난다. 개인적 상대주의보다는 넓은 범위의 상대주의도 있다. 벤자민 워프(Benjamin Wharf)가 사용하는 언어가 다르면 같은 세계를 전혀 다르게 본다는, 그래서 어떤 세계상이 올바른 세상인지 분간할 수 없다는 주장을 펼쳤을 때, 토마스 쿤(Thomas S. Kuhn)이 과학의 세계에서 과학자들이 사용하는 패러다임이 다르면 같은 대상이라도 다르게 볼 수밖에 없다는 주장을 했을 때, 이들은 넓은 범위의 상대주의자들이다.

이에 반해 상관주의는 절대적 진리를 부정하고 역사적 상황의 영향이 인간의 인식과 지식에 침투되어 있음을 인정하는 점에서는 상대주의와 맥을 같이하지만, 주어진 역사적 상황에 부합되는 진리를 규명할 수 있다는 점을 주장하는 점에서는 상대주의와 궤를 달리한다. 예컨대 H라는 역사적 단계에서 X에 대해 a, a′, a″라는 주장이 존재할 때, 상대주의는 어떤 주장이 참이고 어떤 주장이 거짓인지 판단할 수 없다는 입장인 데 반해, 상관주의는 이를 판별할 수 있다는 입장이다. 그렇지만 칼 만하임 역시 '의식이 존재를 규정하는 것이 아니라 존재가 의식을 규정한다'는 마르크스의 의식의 존재 구속성 논제를 수용하고 있는 한에서, 상관주의가 실제로는 상대주의와 잘 구별되지 않는다. 이런 문제점을 해결하기 위해 칼 만하임은 자유로운 지식인의 역할을 주장하기도 했다.

내가 주장하는 통합관점주의는 의식의 존재 구속성 논제를 넘어설 수 있다는 점에서 칼 만하임의 상관주의와는 근본적으로 구별된다. 나는 우리가 선택하는 관점이 역사적으로 주어진 상황에 반드시 기반할 필요가 없다고 본다. 우리의 의식은 존재의 감옥에 갇힌 죄수가 아니기 때문이다. 그러므로 통합관점주의는 절대적 진리를 지금 당장 손에 넣을 수 없다고 할지라도, 북극성과 같이 우리가 추구해 가는 길을 밝히는 규제적 이념으로서 거부할 이유가 없다고 본다.

나는 관점의 통합사례로 몇 가지 예를 들어 보고자 한다.

얼마 전 나온 영화 〈십자가와 초승달〉은 우리에게 십자군 전쟁으로 알려진 역사적 사건을 다룬 작품인데, 기독교 측의 기록과 이슬람 측의 기록을 같이 비교하면서 당시의 상황을 재현하려고 했다. 이 영화는 어느 한쪽의 기록만을 근거로 제작한 영화와는 격이 다르다.

동양화는 많은 경우 여러 관점을 동시에 활용하여 그림을 그렸다. 어떨 때는 화가의 관점이 아니라 감상자의 관점에서 그림을 그리기도 했다. 옆의 그림은 책상의 크기와 인물의 얼굴 모습 등을 고려할 때 적어도 세 관점(화살표 방향)을 종합해서 그린 그림이다.

3. 역사의 객관적 재구성은 실제로 가능한가?

임진왜란 7년 전쟁 중 가장 큰 승리를 거둔 〈명량해전〉을 사료를 근거로 해서 재구성한다고 해보자. 우리 앞에는 『선조실록』과 서애

유성룡의『징비록』과 충무공 이순신 장군의『난중일기』가 놓여 있다고 하자.

역사객관주의는 이런 사료들에서 명량해전에 관한 기록을 먼저 확인한다.『선조실록』선조 30년 11월 10일에는 다음과 같이 기록되어 있다.

근래 또 배신 겸 삼도 수군 통제사(三道水軍統制使) 이순신(李舜臣)의 치계에 의하면 '한산도가 무너진 이후 병선과 병기가 거의 다 유실되었다. 신이 전라우도 수군 절도사 김억추(金億秋) 등과 전선 13척, 초탐선(哨探船) 32척을 수습하여 해남현(海南縣) 해로의 요구(要口)를 차단하고

19세기 후반 유숙의〈수계도권(修禊圖卷)〉

있었는데, 적의 전선 1백 30여 척이 이진포(梨津浦) 앞바다로 들어오기에 신이 수사(水使) 김억추, 조방장(組防將) 배흥립(裵興立), 거제현령(巨濟縣令) 안위(安衛) 등과 함께 각기 병선을 정돈하여 진도(津島) 벽파정(碧波亭) 앞바다에서 적을 맞아 죽음을 무릅쓰고 힘껏 싸운바, 대포로 적선 20여 척을 깨뜨리니 사살이 매우 많아 적들이 모두 바닷속으로 가라앉았으며, 머리를 벤 것도 8급이나 되었다. 적선 중 큰 배 한 척이 우보(羽葆)와 홍기(紅旗)를 세우고 청라장(靑羅帳)을 두르고서 여러 적선을 지휘하여 우리 전선을 에워싸는 것을 녹도만호(鹿島萬戶) 송여종(宋汝宗)·영등만호(永登萬戶) 정응두(丁應斗)가 잇따라 와서 힘껏 싸워 또 적선 11척을 깨뜨리자 적이 크게 꺾였고 나머지 적들도 멀리 물러갔는데, 진중(陣中)에 투항해 온 왜적이 홍기의 적선을 가리켜 안골포(安骨浦)의 적장 마다시(馬多時)라고 하였다. 노획한 적의 물건은 화문의(畫文衣)·금의(錦衣)·칠함(漆函)·칠목기(漆木器)와 장창(長槍) 두 자루다.'
하였는데, 이미 정차대로 자보(咨報)하고 사실을 확인하였습니다. 지금 앞서의 연유에 따르면, 한산도가 무너진 이후부터 남쪽의 수로(水路)에 적선이 종횡하여 충돌이 우려되었으나 현재 소방의 수군이 다행히 작은 승리를 거두어서 적봉(賊鋒)이 조금 좌절되었으니, 이로 인하여 적선이 서해에는 진입하지 못할 것입니다.[19]

이 기록이 사실인지 확인하기 위해 『난중일기』 '정유년 9월 16일'을 보니 다음과 같이 되어 있다.

우리를 에워쌌던 적선 30척도 부서지니 모든 적들이 저항하지 못하고 다시는 침범해 오지 못했다(圍抱[之]賊船三十隻, 亦爲撞破, 諸賊不能抵當, 更不來犯).[20]

『백사집』《유사》에도 내용은 대동소이하다.

적이 사면에서 안위를 포위하므로 안위는 죽음을 무릅쓰고 돌전(突戰)하였고, 공은 제군을 독책하여 그를 후원하게 해서 먼저 적선 31척을 격파하니 적이 약간 퇴각하였다. 그러자 공이 노를 치면서 군사들에게 맹세하고 승승장구하여 진격하니, 적들이 죽기로써 소리만 외칠 뿐 감히 대적하지 못하고 군대를 죄다 거느리고 도망치므로… (賊四面圍抱衛, 冒死突戰, 公督諸軍繼之, 先破賊船三十一艘, 賊少却. 公擊楫誓衆, 乘勝而進, 賊死咋不敢抵, 敵擧軍而遁…).[21]

『징비록』권2에도 다음과 같이 되어 있다.

이순신은 열두 척의 배에 대포를 싣고는 밀물을 타고 이곳(벽파정 아래)에 이르러, 조류의 흐름에 따라 적을 공격하니 적은 패하여 달아났고 아군은 크게 위세를 떨쳤다(舜臣以十二船, 載大砲, 乘潮至, 順流攻之, 賊敗走, 軍聲大振).[22]

그 외 해전에 참전했던 일본 측의 기록도 대동소이하다.

さき手のふねとも八敵船にあひ手負あまたいてき申候 中にも來島出
雲守殿うちしににて御座候其外ふね手の衆めしつれられ候 からうの
もの共もくわはん手負討死仕候 処に 毛利民部大夫殿せき舟にて、は
んふねへ御かゝり成候。はん船へ十文字のかまを御かけ候処に、はん
船より弓鉄砲はけしくうち申候に付、船をはなれ海へ御はいりなされ、
あやうく候 処に、藤堂孫八郎、藤堂勘解由両人船をよせ、敵船をおいの
け、たすけ申候。… いつみ様も手を二か所おはせられ候.**23**

[선두의 배들은 적선에 저어 가 부상이 많이 생겼는데, 그중에 구루시마 미치
후사를 비롯해 가로(家老)의 과반이 죽고 다쳤다. 모리 다카마사(毛利民部)는
세키부네로 번선(조선군 판옥선)에 달려들어, 번선에 십자 갈고리를 걸었는데,
조선군이 활과 철포(총통)를 격하게 쏘아대서 배에서 바다로 떨어졌다. 위험
하던 차에 도도 마고하치로와 도도 가케유 두 장수의 배가 다가가 적선을 뿌리
치고 구해 냈다. … 도도 다카토라도 손에 두 군데 부상당했다.]

이 외에도 당시의 명량해전을 기록한 역사적 사료들은 많다. 이
모든 자료들을 근거로 역사 객관주의자는 명량해전을 객관적으로
재구성하는 데 큰 어려움이 없다고 본다.

이런 과정에 대해 역사주관주의는 어떤 반론을 제기할 수 있을
까? 현재주의의 입장부터 들어 보자. 현재주의는 우선 여러 기록

들에 대한 번역과 해석이 객관적인가를 문제 삼을 수 있을 것이다. 한자로 된 기록을 현대 한글로 옮기는 문제부터 시작하여 단어들의 의미 해석에서 오해가 발생할 수 있다고 주장할 수 있다. 예컨대 '전선(戰船)'이라는 말로써 어떤 형태의 얼마만 한 크기의 배를 말하는지 오늘날 사용하는 전선의 의미와 다를 수 있으므로, 당시 상황의 객관적 재구성은 어렵다는 식이다.

실용주의자도 비슷한 입장에서 문제를 제시할 것으로 예측된다. 실용주의자는 먼저 기록이 기록자의 입장에 따라 선별적으로 이루어졌음을 지적할 수 있을 것이다. 그리고 현재 우리가 처한 입장에 따라 〈명량해전〉에 대한 해석이 달라질 수 있다고 주장할 것이다.

포스트모더니즘은 아마도 훨씬 더 극단적으로 반론을 펼 것이다. 말하자면 〈명량해전〉이라는 사건 자체가 우리가 만든 하나의 이야

난중일기 초
출처: 국립한글박물관

징비록
출처: 국립중앙박물관

기에 불과하다고 할 가능성이 높다.

이런 모든 역사주관주의의 주장들은 제각기 개별적으로 작성된 자료들이 거의 비슷한 상황을 기술하고 있으며, 현재의 우리가 이를 이해하는 데 아무런 의견 차이가 없다는 사실에 의해 정당화되기 어려운 것으로 판단된다.

그렇다면 역사주관주의자들이 주장하는 〈별자리 구성〉에 대해서는 어떤 설명을 할 수 있을까? 별자리 구성[24]이란 문명권마다 자신들에게 친숙한 형태로 별자리를 만들기 때문에, 같은 밤하늘을 보면서도 서로 다르게 해석한다는 것이다. 역사객관주의는 별자리 구성이 하나의 주관적 해석일 뿐 별무리에 대한 객관적 설명은 아니라고 본다. 즉, 별자리 구성은 처음부터 허구적 이야기의 창작일 뿐 인식의 과정이 아니다. 객관적 설명은 별들 사이의 실질적 관계에 기초해서 이루어져야 하기 때문이다.

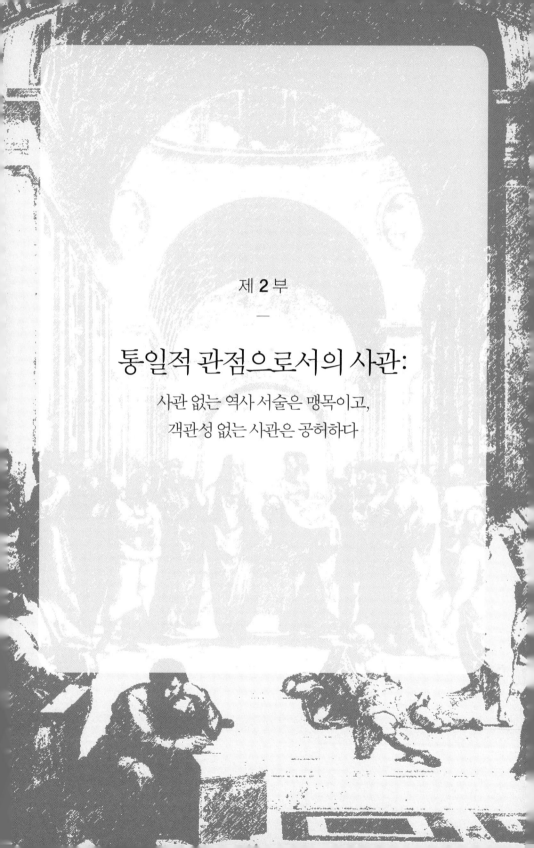

제 2 부

—

통일적 관점으로로서의 사관:

사관 없는 역사 서술은 맹목이고,
객관성 없는 사관은 공허하다

어떤 사람은 자신이 선택한 사관을 절대적 진리로 생각하고 다른 사람의 사관들을 모두 잘못되었다고 비판한다(절대주의). 또 어떤 사람은 모든 사관은 동일한 가치를 갖기 때문에 어떤 사관이 옳고 어떤 사관이 그른지 판단할 수 없다는 입장을 취한다(상대주의). 사관은 절대적 진리가 아니다. 그렇다고 모든 사관이 동일한 값을 갖는 것도 아니다. 뿐만 아니라 상대주의를 피하기 위해 실증주의 같이 모든 사관을 배제한다 해서 일이 되는 것도 아니다(제거주의). 2부에서는 이런 절대주의와 상대주의, 그리고 제거주의를 모두 비판하면서, 사관은 역사를 설명하는 실재론적 가설이며, 설명력에 의해 그것의 진위와 우열이 가려질 수 있음을 밝히려고 한다.

이런 교설들을 모두 비판하는 나의 논제는 "사관 없는 역사 서술은 맹목이고, 객관성 없는 사관은 공허하다"는 것이다. 이것은 사관 없이 역사를 서술하는 것은 집다한 사실의 마구잡이 수집에 불과할 뿐이고, 사실에 의해 뒷받침되지 않는 사관을 독단적으로 주장하는 것은 허황된 망상일 뿐이라는 것을 의미한다.

1) 고등학교 한국사 교과서 논쟁

2004년부터 시작된 한국사 교과서 논쟁은 10년 넘게 지금도 계속되고 있다. 1974년부터 2002년까지 국정교과서였던 고등학교 국사 교과서에서, '근현대사'가 분리되면서 검정 교과서로 바뀌었고, 2010년 기존의 국정 교과서였던 국사와 근현대사가 다시 '한국사'로 통합되면서 검정 체제로 일원화되었다.

국정 교과서란 국가가 편찬하고 저작권을 갖는 교과서를 말한다. 국정교과서를 쓰게 되면, 전국의 모든 학교가 한 가지 교과서로 수업하게 된다. 반면에 검정 교과서는 민간에서 개발해 출판한 도서 중 국가의 검정 시험에 합격한 도서를 말한다. 일선 학교는 여러 종류의 검정 교과서 중에서 1가지를 선택해서 수업할 수 있다.

국정에서 검정으로 넘어가게 된 계기는 국정 교과서 체제에서는 정부의 의도가 작용할 수 있기 때문에 역사적 사실을 제대로 반영할 수 없다는 주장 때문이었다. 그렇지만 정부가 개입하지 않는다는 사실만으로 객관적 역사가 담보되는 것은 아니다. 역사학계나 시민 사회의 시각이 첨예하게 대립되어 있는 한, 논쟁은 불가피하다고 할 수 있다.

2002년 〈한국 근현대사〉 교과서 4종이 검정에 통과하여 수업이 시작되었을 때, 소위 보수 진영은 금성출판사 등의 검정 교과서들이 지나치게 좌편향적 시각으로 써졌다는 문제를 제기했다. 그 후 2008년 교과서포럼에서 〈대안 교과서 한국 근현대사〉를 출간했고, 이번에는 소위 좌파진영에서 사실을 지나치게 주관적으로 해석하여 역사적 사실을 호도했다는 문제를 제기했다.

양 진영이 제기한 문제들은 수십 개에서 수백 개에 이르는데, 전체적으로 보면 사실에 대한 세세한 기술상의 문제라기보다는 역사를 보는 사관의 문제라고 보는 것이 더욱 정확하다. 예컨대, 임시정부의 법통, 대한민국의 건국, 6·25 전쟁, 4·19 혁명, 5·16 쿠데타, 산업화, 민주화 등이 중심적인 쟁점들이다. 사관이 다르면 같은 역사적 사실도 다르게 볼 수 있기 때문에, 역사 이해에서 사관의 중요성은 너무나 크다고 할 수 있다.[01] 역사 교과서의 갈등은 지금도 여전히 우리 사회의 미해결의 숙제로 남아 있다.

2) 통일적 관점으로서의 사관

역사학은 개별적 사건들을 탐구한다. 예컨대 특정한 시공간에서 발생한 사건 a의 내용과 그것이 발생한 이유를 밝히려고 한다. 그렇지만 개별적 사건들은 수도 없이 많이 발생한다. 이 모든 사건들을 모두 추적하는 것은 불가능하다. 여기서 사건들을 어떤 관점에서 선택하지 않을 수 없으며, 더 나아가 선택된 사건들을 어떤 체계 아래 한데 묶지 않으면 안 된다.

관점은 역사 서술의 체제와도 연관이 있다. 공자가 편찬했다는 노나라의 역사서 『춘추(春秋)』는 편년체로 되어 있고, 사마천의 『사기(史記)』는 기전체로 되어 있다. 편년체는 군주를 중심으로 한 역사적 사실을 연·월·일순으로 정리하는 역사편찬의 한 체제로 동양에서 가장 보편적이고 오래된 역사편찬체제이다. 이에 반해 기전체는 역사를 군주의 정치관련 기사인 본기(本紀)와 신하들의 개인 전기인 열전(列傳), 통치제도·문물·경제·자연 현상 등을 내용별로 분류해 쓴 지(志)와 연표(年表) 등으로 기록하는 편찬체제이다. 편년체에서 기전체로의 변화는 역사를 보는 관점의 혁명적인 전환이다. 역사의 주체가 달라진 것이다. 서양 역사학의 아버지라 불리는 헤로도토스는 문화를 중심으로 역사를 기술하려고 했고, 투키디데스는 군사 중심으로 역사를 기술했다.

지금까지 논의한 이유, 즉 수많은 사건들 중에서 어떤 사실을 역사적 사실로서 선택할 때는 반드시 어떤 관점이 필요하며, 동시에 선택된 여러 사건들을 어떤 체계 아래 정리·정돈할 때에도 어떤 관점이 필요하다는 점은 역사연구에서 역사관이 불가피함을 증명한다. 역사관이란 바로 사건들을 통일적으로 설명하는 원리이며 사건들을 함께 묶는 틀이기 때문이다.

4장. 사관 없는 역사는 맹목이다

현대의 과학적 지식은 대체로 자연에 질문을 던져서 자연으로부터 그 답을 도출해 낸 것이라 할 수 있다. 말하자면 우리의 지식은 우리가 던진 질문에 대한 답인 셈이다. 아무런 질문도 없는 상태에서는 어떠한 지식도 형성되지 않는다. 질문이 없으면 답도 없기 때문이다. 질문을 던질 때 막연하지만 답도 예상한다. 물이 몇 도에 끓는지 알고자 한다고 해보자. 이때 아마도 열을 가해야만 끓는다는 경험에 비추어 꽤 높은 온도에서 끓을 것이라고 예상할 수 있다. 여러 형태의 실험을 해본다. 계절의 변화에 맞추어 해보기도 하고, 낮에도 하고 밤에도 하고, 골짜기에서도 하고 산 위에서도 물을 끓여 본 후, 1기압에서 100°에 끓는다는 답을 얻는다. 예상했던 답이 맞을 수도 있고 틀릴 수도 있다. 그런데 이런 지식은 처음 던진 '물은 몇 도에 끓는가' 하는 질문이 없었다면 얻을 수 없는 지식이다. 물론 실험을 할 수 없는 상황에서는 관찰만으로 문제를 해결해야겠지만, 관찰에서도 의문이 없는 관찰로는 지식이 형성되지 않는다고 봐야 한다. 우리는 이런 질문과 예상한 답을 작업가설이라 부른다.

역사학에서도 사정은 마찬가지다. 우리는 일련의 질문 목록을 마련하지 않고는 과거의 탐구에 나설 수가 없다. 역사연구는 이 질문 목록을 검토하고 예상 답을 검증하는 작업이라 할 수 있다. 질문이나 예상 답은 작은 범위에서 차츰차츰 범위를 넓혀 확대시켜 나갈 수 있다. 이런 질문과 예상 답 중에서도 가장 핵심적인 것이 사관이다. 작은 범위의 질문과 답들은 모두 여기서 파생된다. 이런 의미에서 사관은 핵심가설이라 부를 수 있다.

1. 사관 없이는 역사를 체계적으로 이야기하지 못한다

많은 사람들이 다음과 같은 의문을 제기한다. 사관이 다름에 따라 같은 사실을 다르게 본다면, 어떤 사관도 갖지 않고 역사를 연구한다면 객관적 사실을 드러낼 수가 있지 않을까? 이 문제는 객관적 지식에 도달하기 위해 어떠한 관점도 갖지 않고 사상을 탐구한다는 주장과 같은 논리이다.

실제로 실증사학이라고 불리는 역사연구 태도는 이런 입장을 대변한다고 할 수 있다. 실증사학은 실제 검증할 수 있는 사실만을 역사적 사실로 인정한다는 태도와 함께 역사가의 주관이 개입되었다고 보여지는 사관 같은 것을 일체 배격하는 입장이다. 예컨대 우리가 광복 이후부터 20세기 말까지의 대한민국의 역사를 연구한다고 할 때, 연대기 순으로 정리된 사건들의 기록을 하나하나 확인하고, 이들을 종합하여 하나의 이야기로 엮는다는 것이다.[01]

고전적 객관주의는 이미 앞에서 지적한 바와 같이, 선택의 관점 없이도 역사 서술이 가능하다고 생각했다. 이것은 잘못된 귀납주의의 방법을 역사학에 적용한 것이라 할 수 있다.

귀납주의는 개별적 존재들에 대한 관찰진술, 즉 단칭진술을 바탕으로 해서 전체나 보편에 관한 진술, 즉 전칭진술로 이행해 갈 수 있다는 입장이다. 말하자면 개별에 대한 지식을 축적시켜서 보편적 지식에 도달하자는 것이다. 예컨대, "모든 개나리는 노랗다"는 주장은 '개나리 1은 노랗다', '개나리 2는 노랗다' … '개나리 n은 노랗다'는 개별들에 관한 관찰을 축적시킨 후에라야 가능하다는 것이다.

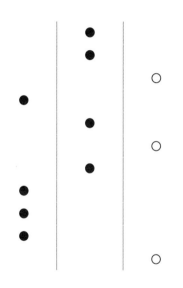

베이컨의 과학의 방법.
그 기본은 일정한 성질을 가진 것들의 일람표를 만드는 데 있다.

현대의 인식론적 논의[02]에서 보면 귀납주의는 두 가지 이유에서 잘못을 저지르고 있다. 하나는 순수한 경험이나 관찰이 가능하다고 전제하는 것이며, 다른 하나는 개별을 아무리 많이 누적시켜도 전체나 보편과 같아지지 않는다는 점을 간과한 것이다. 전통적 경험론자들은 순수한 경험이나 관찰이 가능하다고 주장했다. 우리의 인식이란 백지 위에 경험이 그리는 그림이라는 비유가 순수경험을 상징한다. 또한 우리의 눈을 카메라와 비교하는 것도 같은 논리이다. 동시에 이들 경험주의자들은 아무리 복잡한 보편적 이론이라 해도 그것이 진리라면 끝내는 감각경험으로 환원될 수 있다고 보았다.

이런 귀납주의는 인식의 물통이론이라고도 불리는데, 우리의 마음이란 빈 물통과 같으며 여러 재료들이 감각을 통해 이 물통 속으로 들어와 축적됨으로써 지식이 성립된다고 주장하기 때문이다. 현대인식론은, 특히 가설 연역주의는 관찰의 이론 의존성 논제를 받아들인다. 말하자면 관찰자가 갖는 어떤 문제 상황이나 미리 제시된 어떤 가설 없이는 어떤 관찰도 불가능하다는 주장에 동의한다. 이런 입장은 전통적 경험론을 뒤집는 것이다. 왜냐하면 전통적 경험론에서는 관찰이 먼저이고 이론이나 가설이 2차적인 데 반해, 가설 연역주의에서는 가설이 먼저고 관찰이 2차적인 위치로 전환되기 때문이다.

일반화의 출발점으로 여겨져 온 관찰이 오히려 이론에 비추어진 해석임을 칼 포퍼는 다음과 같이 주장한다.

나는 우리가 관찰에서 출발해서 거기에서 이론을 도출한다는 의미에서의 귀납적 일반화를 믿지 않는다. 우리가 이와 같은 절차를 밟아 간다고 하는 선입견은 일종의 광학적 환각이라고 생각하며, 또 과학적 발전의 어떤 단계에서도 우리는 이론의 성질을 띤 어떤 것 없이 출발하는 일은 없다고 생각한다.[03]

이와 함께 보편진술은 개별의 유한 집합이 아니라, 무한집합이라는 점도 기억해야 한다. 유한집합은 요소들 하나하나를 끝까지 셀 수 있는 집합이며 무한집합은 그 요소들이 무한하기 때문에 도저히 셀 수 없는 그런 집합이다. 예컨대 여기 '모든 소나무는 푸르다'는 보편진술의 경우 이 진술은 우리가 관찰하는 소나무 1, 소나무 2, … 소나무 n이 푸르다는 주장일 뿐만 아니라, 과거에 존재했던 소나무들과 미래에 나타날 소나무들까지 모두 푸르다고 주장하는 것이다. 그러므로 우리가 소나무가 푸르다는 것을 아주 많이 관찰한다 해서, '모든 소나무가 푸르다'는 주장을 정당화할 수는 없는 것이다. 관찰의 수가 아무리 많다 해도 무한에 비하면 0에 가깝기 때문이다.

이런 근거에서 포퍼가 귀납주의에 대해 내린 결론은 다음과 같다. "귀납법, 즉 많은 관찰에 근거한 추론은 하나의 신화이다. 그것은 심리적인 사실도, 일상적인 생활의 사실도, 과학적인 절차도 아니다."[04]

토마스 쿤(Thomas Kuhn)의 패러다임 이론도 가설 연역주의와 비슷한 논리라고 할 수 있다. 물론 세부적인 내용에서는 차이가 나지만, 연구에 앞서 먼저 패러다임이 필요하다고 주장한 점에서는 비슷하다. 쿤이 말하는 패러다임이란 기본적으로는 학문 공동체가 공유하는 세계관이다. 쿤의 논리에 의하면, 하나의 학문 공동체가 형성되려면 다음과 같은 물음들에서 의견의 일치를 보아야 한다: "우주에는 어떠한 사물들이 존재하는가. 이 사물들은 서로 어떻게 연관되며, 우리들의 감각과는 어떻게 접촉하는가. 이러한 사물들에 대해서 적법하게 제기할 수 있는 물음으로는 어떤 종류가 있는가. 이런 물음에 답하기 위해서는 어떤 기술이 적합한가. 하나의 이론에 대해서 어떤 것이 증거로 간주될 수 있는가. 어떠한 물음들이 과학에서 중심적이라 할 수 있는가. 제기된 물음에 대한 해결책으로 간주될 수 있는 것은 무엇인가. 어떤 현상에 대한 설명으로 간주될 수 있는 것은 무엇인가."[05]

지금까지의 논의를 역사학에 적용한다면 그것은 다음과 같은 질문이 될 것이다: "우리가 하나하나의 개별적 사실들을 축적하는 것만으로 역사를 체계적으로 설명할 수 있을까?" 이 질문에 대한 대답은 단연코 "아니다"이다. 그 이유는 역사학에도 탐구의 방법론은 그대로 적용되어야 하기 때문이다. 그렇다면 여기에도 역사탐구를 시작하기 전에 어떤 관점, 즉 역사관이 먼저 존재하지 않으면 안 된다. 그것이 설사 매우 가설적인 성격을 띤다 할지라도 그렇다고 해야 한다.

이런 논의에 대해 법칙을 추구하는 이론과학과 개별적 사실을 밝히고자 하는 역사과학이 과연 같은 방법론을 사용할 수밖에 없는가 하는 의문이 제기될 수 있다. 이론과학은 법칙을 추구한다. 이때 법칙이 관찰이 행해지는 관점이 되며, 이 관점에 근거하여 여러 가설들이 제시된다. 반면에, 역사학이 이론과학과는 달리 보편적 법칙을 탐구하지 않는다는 것은 맞는 말이다. 역사학은 보편적 법칙의 생산자라기보다는 오히려 보편적 법칙의 소비자다.

이 말은 다른 여러 개별 과학들이 확립해 놓은 법칙들을 이용해서 역사학이 개별적 사실을 설명한다는 의미이다. 개별 사실의 설명에 법칙이 필요한 이유는, 설명이란 개별적 사실을 어떤 법칙 밑에 귀속시키는 작업이기 때문이다. 예컨대 '흉년이 들어 많은 백성들이 굶어 죽었다'는 역사적 사실은 정확히는 다음과 같은 설명구조를 갖는다고 할 수 있다.

1) 흉년이 들면 충분한 식량을 수확하지 못한다.
2) 당시의 상황에서는 식량을 다른 방식으로 마련할 수 없었다.
3) 먹지 못하면 죽는다.
4) 그러므로 많은 백성들이 죽었다.

여기서 1)과 3)이 설명에 동원되는 법칙이다. 1)의 자연적 법칙과 3)의 생물학적 법칙을 역사가는 역사적 사실의 설명에 활용하는 것이다.

　이론과학과는 차이가 있음에도 불구하고 역사학에서도 관점이 불가피한 이유는 수많은 사건 중에서 역사적 사실을 선택해야 하는 이유 때문이다. 동시에 선택된 역사적 사실들을 어떤 관점에서 하나의 의미 있는 체계로 묶어야 하기 때문이다. 만약 관점을 배제하고 사건들 하나하나를 기록하여 이를 귀납적으로 통합시킨다고 할 때, 그것은 연대기에 불과하게 될 것이다. "자연과학과 마찬가지로 역사학도 빈약하고 지리멸렬한 자료의 홍수에 질식되어서는 안 되므로, 반드시 선택적이지 않으면 안 된다. 먼 과거에까지 인과적 연쇄를 추구해 가려는 시도만으로는 조금도 도움이 되지 않을 것이다."[06]

　지금까지 논의한 두 가지 이유, 즉 개별적 사건에 대한 직접적·경험적 관찰도 이미 어떤 이론에 의해 해석된 관찰이며, 개별 사건

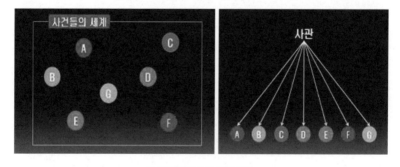

통일적 관점으로서의 사관

들을 한데 묶는 과정에서도 어떤 틀을 먼저 상정하지 않을 수 없다는 이유는 역사연구에서 역사관이 불가피함을, 그것도 역사탐구에 앞서 불가피함을 증명해 준다.

2. 사관은 세 요소로 구성된다[07]

우리는 역사관을 어떻게 이해해야 할 것인가? 어떤 사건을 이야기하고자 할 때 우리가 통상 사용하는 6하 원칙을 여기에 적용시킬 수는 없을까? 6하 원칙이란 '누가', '언제', '어디서', '왜', '무엇을', '어떻게'를 의미한다. 나는 6하 원칙을 사관의 구조적 분석에 적용할 수 있다고 생각한다. 이 중에서 '언제'와 '어디서'는 이론이나 구조의 차원에서는 큰 의미를 갖지 못한다. 특수성에 대한 질문들이기 때문이다. 그렇다면 역사관의 구조는 어떤 식으로 정식화될 수 있을까? 그것은 누가, 무엇을, 어떻게, 왜를 중심으로 하여 다음과 같은 세 가지 사항을 필수적인 구성요소로 갖는다고 할 수 있다. 즉,

1) 역사의 주체는 누구이며 주체의 본질적 속성은 무엇인가?
2) 이 주체가 추구하는 목적은 무엇이며, 이 목적을 실현시키기 위해 선택하는 수단은 무엇인가?
3) 역사는 어떤 방향으로 진행되는가?

이것들은 역사의 주체, 목적, 방향에 대한 질문들이다. 이 세 문

제에 대한 대답이 역사관의 핵심 원리를 형성하는 이유는 이들 문제들이 역사탐구의 가장 기본적인 틀과 방향을 결정하기 때문이다. 우리가 역사의 주체를 s로 주체가 추구하는 목적을 p로 진행방향을 r로 기호화하면, 역사관 v는 결국 이들의 함수가 된다.

$$v=f(s, p, r)$$

세 문제 중에서도 가장 까다로운 문제가 역사의 주체문제이다. 역사란 어떤 무엇의 변화과정이라고 해야 할 것이다. 예컨대 우리가 달의 역사를 이야기한다면 변화의 주인공이 되는 것은 달이며, 말이라는 생명체의 역사를 논의한다면 변화의 주체는 말이라는 종이 될 것이다. 주체가 없는 변화과정을 논의하는 것은 주어 없는 문장같이 이해하기 어려운 이야기가 될 것이다. 그렇지만 사건들의 주체를 명확하게 확인하는 것은 쉬운 일이 아니다. 우리가 인류의 역사를 논하면서 인류 이외에 역사의 주체를 상정하는 것은 사리에 맞지 않아 보인다. 그렇지만 〈인류〉라고 했을 때도, 유명론적 입장에서 〈개인들의 집합〉으로 볼 수도 있고, 실재론의 입장에서 단순히 개인들의 집합을 넘어서는 〈종적 실재〉로 볼 수도 있다.

상식적인 차원에서 일단 개인을 역사의 주체라고 상정해 보자. 이때의 개인은 물론 자율적이고 합리적인 존재이며, 이 개인의 행위가 역사적 사건이 된다. 그렇지만 개인이 역사의 주체라고 할지라도, 로빈슨 크루소 같이 혼자서 사는 세상이 아닌 이상, 개인들의 어떤 집단을 진정한 주체로 상정하지 않을 수 없을 것이다. 그리고 이 집단 내에서의 개인의 역할은 1/N이라고 일단 상정할 수 있겠지만, 집단 내에서의 위상에 따라 역할은 달라질 수 있을 것이다. 여기서 1차적으로 이 집단의 범위를 어떻게 정하느냐가 문제될 수 있다. 역사적으로 보면 씨족이나 부족사회에서 부터 민족국가나 세계제국에 이르기까지 집단의 범위는 다양하다. 씨족사회에서는 씨족이 역사의 주체적 단위라고 할 수 있고, 민족주의시대에는 민족이 역사의 주체라고 할 수 있을 것이다.

이때 개인과 집단 간에 제기되었던 문제가 다시금 반복될 수 있다. 오늘날의 현실에서 보면 어떤 국가도 단독으로 존재하지 않고 다른 국가들과 함께 존재한다. 그러므로 인류전체의 역사에서 보면 개별국가들은 형식적으로는 1/N의 역할을 수행하겠지만, 실질적으로는 인류사에서 작동하는 힘의 역학관계에 따라 국가들의 역할은 달라질 것이다.

이런 경우 누가 역사의 주체, 즉 역사의 주인공이라 해야 할 것인가? 여기서 다음과 같은 두 입장이 서로 대립한다. 하나는 개인을 역사의 주체로 보는 입장이고, 다른 하나는 집단을 역사의 주체로 보는 입장이다. 개인을 역사의 주체로 본다고 해서, 이런 입장이 모든 개인의 역할이 동일하다는 것을 함축하는 것은 아니다. 능동적으로 역사를 선두에서 인도해 가는 개인도 있고, 수동적으로 앞서

가는 사람들을 따라가는 개인도 있을 수 있다. 그렇지만 어떻든 이들의 역할이 모여 인류의 역사를 만든다고 할 수 있을 것이다. 이런 관점에서 보면 개인이 구성하는 집단도 중요하지만, 집단이란 결국 개인들의 집합체에 불과한 것이기에 개인이 사회의 존재론적 기초이며 개인의 행위가 최종적인 역사적 사건이 된다.

존 왓킨스의 방법론적 개체론의 주장이 이를 잘 설명해 준다. "사회를 구성하는 궁극적인 요소는 그들의 성향과 그들이 처한 상황에 대한 이해에 따라 대개 적당하게 행위하는 개인들이다. 모든 복잡한 사회적 상황이나 사건은 개인들과 그들의 성향, 상황과 신념 내지는 물질적 자원과 환경이 특수하게 배열된 결과이다."[08] 그러므로 방법론적 개체론은 사회적 현상에 관한 모든 사실이 개인에 관한 사실들로만 설명되어야 한다고 주장한다. 말하자면, 방법론적 개체론의 원리는 사회적 과정과 사건들이 ① 사회구성원인 개인들의 행동을 지배하는 원리들과 ② 개인들의 상황에 관한 기술들로부터 연역해서 설명되지 않으면 안 된다는 것이다.[09] 칼 포퍼도 이러한 설명의 원리를 지지한다. "모든 사회적 현상과 특히 모든 사회적 제도의 기능은 항상 개인들의 결단과 행위, 태도 등에서 유래되는 것으로 이해되지 않으면 안 된다. … 우리는 소위 '집단'에 의한 설명으로 만족해서는 안 된다."[10]

이러한 논의는 결국 모든 사회적 사건은 개인들에 의해서만 발생한다는 것을 함축한다. 그러므로 역사에 있어서 움직이는 유일한 행위자는 개별적인 남녀들뿐이며, 개인들만이 유일한 인과적 요인이 될 수 있다. 말하자면 개인들만이 역사의 유일한 주체자인 것이다.

반면에 집단을 역사의 주체로 보는 입장은 집단을 단순히 개인의 집합체로 보지 않고 하나의 유기적 통일체로 보고자한다. 여기에는 〈전체는 그 부분들의 합 이상이다.〉라는 논리가 전제되어 있다. 어니스트 네이글(Ernest Nagel)의 분석에 의하면, '전체'와 '부분'이라는 말은 다음과 같은 매우 다양한 맥락에서 사용된다. ① 공간적인 연장성을 지닌 어떤 것과 이에 포함되는 것, ② 어느 시간적인 기간과 그 안의 시간적인 기간, ③ 원소들의 모임 집합, 집단과 그 원소, ④ 어떤 대상이나 과정의 한 특성과 이와 어떤 관계를 이루는 특성, ⑤ 어느 특정한 종류의 대상이나 사건들 사이의 어떤 패턴과 이 패턴을 이루는 요소, ⑥ 하나의 포괄적인 과정과 이에 포괄되는 과정, ⑦ 어떤 구체적인 대상과 그 대상의 특성들 중의 어느 것, ⑧ 어떤 체계와 그 부분들.[11]

'합'의 의미도 다양하다. 그것은 ① 단순한 덧셈, ② 벡타적 덧셈, ③ 유기적 덧셈, ④ 체계적 덧셈들로 나누어진다. 여기서 우리의 관심사가 되는 유기적 통일체(organic unity)는 "그 형태가 개별 요소들의 형태로 결정되지 않고, 부분–과정들 그 자체가 전체의 내재적인 특성에 따라 결정되는 체계"이다.[12]

이런 체계의 특징은 그 부분들이 독립적으로 작용하지 않고 서로 밀접하게 연관되어 있어, 어떤 부분을 변경하면 그것이 다른 모든 부분들에 변화를 야기하는 것이다. 이것은 결국 유기적 통일체란 요소들의 단순한 합이 아니며, 또한 요소들로 환원될 수 없는 전체라는 것을 의미한다. 위의 전체와 부분 및 합의 다양한 의미에서 ⑧번과 ③, ④번이 여기에 해당한다. 여기에서 방법론적 전체론이 성립한다.

　방법론적 전체론은 개인들의 행위가 ① 하나의 전체로서의 사회체제에 적용되는 독자적인 거시적 법칙들과 ② 전체 안에서 개인의 기능이나 위치에 관한 기술들로부터 연역적으로 설명되어야 한다는 주장이다.[13] 말하자면 전체론적 접근법은 개별주체의 행동을 사회연구의 출발점으로 하는 대신에, 전체로서의 사회체계를 분석하고 그 체계를 구성하는 요소들 간의 상호관계를 구명하는 데 초점을 맞추는 방법이라고 할 수 있다. 그러므로 방법론적 전체론에서 제일 먼저 문제되는 것은 환원 불가능한 사회적 체계나 법칙의 존재다. 전체론자에 의하면 적어도 사회체계의 어떤 대규모 형태는 거시적 법칙들에 의해서 지배된다는 의미에서 사회체계는 전체를 구성한다. 그리고 이 거시적 법칙들은 본성상 전체론적이라고 할 수 있다. 왜냐하면 그것들은 상호 작용하는 개인들의 행위로부터 유래되는 단순한 규칙성이나 경향으로는 설명되지 않기 때문이다.

　뿐만 아니라 우리가 개체주의적 입장에서 논의를 진행한다 해도, 개인들의 행위가 모두 의식적으로 이루어진다고 할 수 없을지도 모

른다. 말하자면 개인을 넘어서는 더욱 큰 힘이나 집단에 의해 무의
식적으로 조종당할 수도 있다. 겉으로는 개인의 행위로 나타난다고
할지라도 어떤 힘이 배후에서 개인의 행위를 조종하고 있다면, 이
어떤 힘을 역사의 주체라고 해야 할 것이다.

　우리는 왜 사회나 집단을 구조를 통해서 인식해야 하는가? 알렉
스 캘리니코스는 그 이유를 다음과 같이 열거하고 있다.[14]

　1) 사회에는 어느 정도 행위의 상호의존성이 있다.

　2) 사회에는 시간적으로 지속된다는 점이 있다.

　3) 사회적 관계는 그 사회를 구성하는 특정한 행위 주체들의 성격에 의
　　해서 그 성격이나 존재가 좌우되지 않는다는 특징이 있다.

　4) 사회적 관계에서는 행위자들이 인식하지 못하는 규칙성이 종종 나
　　타난다.

　5) 사회에는 다른 종류의 사회로 넘어가지 않는 한 그 사회가 변할 수
　　있는 한계가 있다.

　이런 이유 때문에, 수잔 제임스(Susan James)가 지적한 것과 같이,
사회적 세계의 질서를 파악하려는 우리의 시도는 끊임없이 개인과
전체라는 범주로 거슬러 올라가야 한다.[15]

　방법론적 개체론과 방법론적 전체론의 대결을 단순화시켜 보면
행위자와 구조의 대결로 나타난다. 칼 마르크스는 이 둘의 관계에

대해 다음과 같은 유명한 말을 남겼다. "인간은 역사를 만들어 간다. 그렇지만 그들은 자신들이 원하는 대로 만들어 가는 것은 아니다. 그들은 자신들이 선택한 상황 속에서 역사를 만들어 가는 것이 아니라, 과거로부터 주어지고 전승된 상황에 직접 대면하면서 만들어 가는 것이다. 모든 죽은 세대의 전통은 악몽과도 같이 살아 있는 세대의 머리를 짓누르고 있다."[16]

　구조를 강조하는 구조주의자들에게는 사회적 변동은 구조적 모순이 축적된 결과로 나타난다. 개인들의 역할이란 구조들의 담지자에 불과하다. 구조주의자 알튀세르는 개인들이 자율적 행위자라는 인식은 이데올로기적 환상에서 연유한 것이라고 주장한다. 역사의 변동은 구조의 변동이며 개인은 구조의 변동에 종속되는 변수에 불과하다는 것이다. 이에 반해 행위주의자인 톰슨은 역사를 개인들이 자신의 삶을 만들어 가는 과정으로 본다. 이때 구조는 개인의 행위를 저해하는 장애물에 불과하다.

　이 양극단의 입장을 조정하고자 하는 페리 앤드슨은[17] "역사를 만들어 나간다."는 말의 의미를 다음과 같은 세 가지 의미로 분석한다.

　① 사적 목적의 추구, ② 공공 목적의 추구, ③ 전체적인 사회변형의 집
　합적 추구.

사적 목적의 추구에는 배우자의 선택이나 가계의 유지 등을 들고, 공공목적의 추구에는 정치적 투쟁, 외교적 절충 등을, 그리고 사회변형의 집합적 추구에는 미국혁명이나 프랑스혁명 등을 든다. 이때, ③에서 구조와 행위가 통합된다는 것이다. 그렇지만, 이러한 통합에 대해 구조주의자들은 동의하지 않는다.

이런 논의에서 볼 때 방법론적 전체론의 존재론적 기초는 독자적으로 존재하는 구조(Structure)에서부터, 계급, 민족, 국가, 문명, 세계정신들이며, 이들이 바로 사회적 변화나 역사의 주체가 된다. 이러한 전체론적 접근법에서도 개인의 행위는 논의의 대상이 되지만, 그것은 어디까지나 구조화된 행위들, 즉 구조나 전체에 의해서 통제된 행위들인 것이다. 그러므로 개인의 행위는 역사에서 부차적이며 수단적인 역할 이상은 할 수 없게 된다.

역사의 주체가 구현하는 성질들을 어떻게 규정해야 할 것인가도 문제이다. 우리가 상식적으로 구분하는 정신사관이나 유물사관 등은 주체의 성질에 초점을 맞춘 이름이다. 말하자면 정신사관은 인간을 정신적 존재로 보고 역사를 정신의 실현과정으로 이해하는 것이며, 유물사관은 인간을 물질적 존재로 보고 역사를 물질적 생산력의 증대과정으로 해석한다. 정신과 물질은 가장 보편적인 두 범주지만, 다른 성질들도 얼마든지 구체화될 수 있다. 예컨대 생태사관은 인간을 생태적 존재로 보고, 인류가 자연환경과 상호교섭 하면서 적응, 발전해 가는 궤적으로 역사를 보고자 한다.

역사의 주체가 추구하는 목적과 이 목적을 실현시킬 수단도 역사관의 중심적인 요소다. 이때의 목적은 목적론적 역사관에만 해당되는 좁은 의미가 아니라, 전체 사건들의 집합이 가진 구조에도 적용되는 넓은 의미로 사용된다. 역사의 목적은 물론 역사의 주체가 누구인가에 따라 달라질 수밖에 없다. 동시에 목적에 따라 그것을 실현하는 수단도 달라진다. 예컨대 인본사관은 역사의 주체를 신이 아닌 인류로 보고, 그 목적을 구원이 아닌 인류문명의 완성으로 이해한다. 반면에 민족사관은 민족들을 역사의 주체로 보면서 여러 민족들이 가진 개성의 완전한 실현을 역사의 목표로 간주한다.

역사의 진행 방향도 역사관의 필수적인 구성요소이다. 역사란 궁극적으로 시간의 흐름 속에서 발생하는 사건들의 변화과정이기 때문이다. 시간은 직선적 흐름으로 이해되기도 하고, 순환적 흐름으로 이해되기도 한다. 시간이 순환적이라면 역사는 반복될 수밖에 없을 것이다. 순환사관은 이런 시간관에 기초하고 있다. 반면에 시간이 직선적이라면 역사는 퇴보할 수도 있고 진보할 수도 있다. 진보사관이나 퇴보사관은 이런 직선적 시간관과 짝을 이룬다. 또한 우리가 이런 직선적 시간에 어떤 출발점을 상정한다면, 시간이 소멸되는 역사의 종말도 예상할 수 있다.

3. 사관은 과학적 연구 프로그램으로 해석될 수 있다[18]

나는 사관을 과학적 연구 프로그램(Scientific Research Programme)로 해석할 수 있다고 본다. 과학적 연구 프로그램은 칼 포퍼의 반증주의를 임레 라카토슈(Imre lakatos)가 발전시킨 것이다.

과학의 방법론적 논의에서 검증주의와 반증주의는 현대과학철학의 양대 산맥을 이룬다. 검증주의는 경험적으로 검증가능한 주장만을 과학으로 인정하는 반면, 반증주의에서는 반증가능성을 가진 주장, 반증될 수 있는 주장만이 과학의 범위 안에 들어온다. "한 이론의 과학적 자격의 기준은 그 이론의 반증 가능성, 반박 가능성, 시험 가능성이다."[19] 즉 우리가 한 이론을 과학적인 것으로 분류할 수 있는 경우란, 그 이론에 모순되는 관찰을 생각할 수 있는 경우이다. 그러므로 한 이론의 과학적 성격이란 그 이론이 언제나 경험에 의하여 반증될 가능성을 내포하고 있다는 점이다.

검증주의는 어떤 이론이나 주장이 이를 뒷받침하는 사례들의 확인에 의해 진리가 될 수 있다는 입장이다. 예컨대 "모든 개나리는 노랗다."는 주장은 우리가 관찰하는 수많은 노란 개나리들의 사례들에 의해, 그리고 이런 사례들의 수가 더욱 많이 누적될수록 진리로 검증될 확률은 높아진다는 것이다. 이와 반대로 반증주의는 우리가 진리를 검증할 수는 없다고 보며, 우리가 할 수 있는 일은 "모든 개나리는 노랗다."라는 주장이 틀릴 경우를 최대한으로 찾아보되―말하자면 노랗지 않은 흰 개나리나 붉은 개나리가 있는지 찾아보되—그런 반대사례를 찾지 못할 경우, 그런 반대사례가 나올 때까지만 그 주장을 잠정적으로 진리로 인정한다는 입장이다. 물론 반대사례를 찾는 일 자체가 불가능하게 되어 있는 이론이나 주장은 처음부터 과학의 영역에 들지 못한다.

검증주의의 특징은 철저한 환원주의이다. 환원주의는 복잡한 현상을 보다 기본적인 요소들로 분해할 수 있다고 보는 입장이다. 예컨대 위에서 든 예시, '모든 개나리는 노랗다'는 보편진술을 우리가 관찰할 수 있는 사실들에 관한 진술들, 즉 '개나리 1은 노랗다', '개나리 2는 노랗다' … '개나리 n은 노랗다'는 단칭진술들을 모두 모은 연접으로 바꿀 수 있다고 본다. 그렇지만 '모든 개나리는 노랗다'는 보편진술의 모든(All)은 원자명제들의 진리함수일 수 없다. 보편진술은 무한 집합으로 해석되기 때문이다. 뿐만 아니라 '개나리 1은 노랗다'는 단칭진술도 절대적으로 정당화된 진술이라 보기는 어렵다. 이런 논리적 이유 때문에, 우리가 만약 검증원리를 받아들인다면, 자연과학의 이론이나 법칙을 모두 부정하는 결과가 된다. 반증주의는 검증주의의 이런 문제점을 해결하면서 등장한 방법론이다.

우리는 보통 반증주의를 그 발전단계에 초점을 맞추어 방법론적 반증주의와 세련된 반증주의로 나눈다. 방법론적 반증주의는 하나의 이론과 관찰사이의 관계를 다룬다. 시험은 이론과 실험 사이의 양자 대결이며, 이런 대결의 결과는 오직 결정적인 반증이다. 그렇지만 과학사가 보여 주듯이 시험은 적어도 경쟁적인 이론들과 실험

사이의 삼자대결이어야 한다.[20]

라카토슈의 과학적 연구 프로그램은 세련된 반증주의를 과학사의 흐름에 맞게 변형시킨 것이다.

모든 과학적 연구 프로그램들은 그것의 〈견고한 핵〉에 의해 그 특성을 나타낼 수 있다. 프로그램의 부정적 발견법은 이 〈견고한 핵〉에 대해 후건 부정식을 적용하는 것을 금지한다. 대신에 우리는 〈보조 가설〉을 명확하게 하거나 발명하기 위해 창의력을 이용해야만 한다. 〈보조 가설〉은 견고한 핵 주위에서 보호대를 형성하며, 우리는 이 보호대에 후건 부정식을 향하게 해야만 한다. 이러한 견고한 핵을 보호하기 위해서, 테스트에 정면으로 맞서거나, 조정하거나 재조정하거나, 완전히 대치되어야 하는 것은 보조 가설이다.[21]

과학적 연구 프로그램은 두 부분으로 나누어지는데, ① 가장 중심이 되는 견고한 핵과 ② 이를 둘러싸서 보호하는 보호대이다. 예컨대 뉴턴의 연구 프로그램에서는 3가지 운동의 법칙과 중력의 법칙이 견고한 핵이다. 그리고 연구 프로그램이 가지고 있는 발견기법은(일련의 문제해결 기법) 미분법, 적분법, 미분 방정식, 적분 방정식 등의 수학적 도구들이다. 뉴턴 연구 프로그램의 보호대는 기하광학, 대기 중의 굴절에 대한 이론들을 포함하고 있다.[22] 이것은 다음과 같은 그림이 된다.

과학적 연구 프로그램

그것은 또한 방법론적 규칙들을 포함한다. 그것은 부정적 발견법과 긍정적 발견법이다. 부정적 발견법은 우리에게 어떤 연구의 길을 피할 것인가를 이야기하고, 긍정적 발견법은 우리가 어떤 길을 추구해야 할 것인가를 이야기한다.[23] 연구 프로그램의 부정적 발견법은 모든 과학적 연구 프로그램의 특성을 이루는 견고한 핵(Hard Core)은 수정되거나 거부될 수 없다는 규정을 포함하고 있다. 즉 부정적 발견법은 견고한 핵에 후건 부정법(Modus Tollens)의 적용을 금지한다. "견고한 핵은 지지자들의 방법론적 결단에 의해 반증 불가능한 것으로 받아들여진다."[24] 견고한 핵을 방어하기 위해 시험과 정면으로 맞서서 수정되고 대체되어야 하는 것은 보조 가설들로 이루어진 보호대(Protective Belt) 인 것이다. 말하자면 견고한 핵을 방어하기 위해 포진된 보조 가설들은 반증되어 폐기되기도 하고 대체되기도 한다.

긍정적 발견법은 어떻게 연구 프로그램이 전개되어야 하는가를 지시해 주는 개략적인 지침으로 짜여 있다. "긍정적 발견법은 연구 프로그램의 '반박 가능한 변형체들'을 어떻게 변형시키고 발전시킬 것인가, 어떻게 '반박 가능한' 보호대를 수정하고 세련되게 할 수 있는가에 대한 부분적으로 명료화된 일단의 제안이나 암시로 구성되어 있다."[25] 과학자들은 연구 프로그램의 긍정적 발견법에 의해 수많은 변칙 사례의 대양 속에서도 혼란에 빠지지 않고 연구를 수행한다. 연구 프로그램에 참여하는 이론 과학자들은 '반박'에 대해 과도한 주의를 기울이지 않는다. 그들은 이런 반박을 예상할 수 있는 장기 연구정책을 갖는다. 이런 장기 연구 정책이 다소간 상세하게 연구 프로그램의 긍정적 발견법 속에 진술된다. 나아가 긍정적 발견법의 발달은 이미 알려진 현상을 설명하고 새로운 현상을 예측하기 위한 부가적 전제를 핵심 원리에 첨가하는 작업을 포함하게 된다.[26] 예컨대 뉴턴의 중력이론이 처음 나왔을 때, 그것은 많은 변칙 사례에 부딪쳤지만, 뉴턴주의자들은 중력이론을 포기하지 않고, 원래의 관찰이론을 전복시킴으로써 반증사례를 점차로 용인사례로 바꾸었던 것이다.

라카토슈에서 발견법은 이론과 경험이 일치하지 않을 때 이론을 변형시키지 않고 경험과의 일치를 추구하는 방법이라 할 수 있다. 부정적 발견법은 이론과 경험이 일치하지 않는 변칙사례가 등장했을 경우, 견고한 핵에 대해서는 반증을 금지하는 것이며, 긍정적 발견법은 보호대가 대신 반증의 공격을 받도록 하여, 보호대를 수정하거나 교체하는 것이다.

견고한 핵과 보호대의 관계는 이론적 가설과 작업가설과의 관계와 유사하다. 이론적 가설은 개념과 개념과의 관계를 설정해 주는 추상적 가설이므로, 우리가 이론적 가설을 검증하기 위해서는 작업가설로 전환해야 한다. 작업가설은 이론적 가설에 사용된 개념을 측정할 수 있도록 바꾼 것이다.

다시 정리해 보면, 라카토슈의 과학적 연구 프로그램은 반증주의를 발전시킨 이론으로, ① 우리가 과학적 연구를 시작할 때 어떤 핵심적 가설들의 체계를 갖고 출발하며, ② 이 핵심적 가설들은 반증에서 제외되어 있으며, ③ 반증 때문에 수정되는 것은 핵심적 가설들을 둘러싸고 있는 보조 가설들이라는 것이다. 과학의 역사 속에서 연구 프로그램의 대표적인 예로서, 코페르니쿠스의 천문학 체계를 들 수 있을 것이다. 이것은 우리가 과학의 역사 속에서 만날 수 있는 수많은 연구 프로그램 가운데 대표적인 실례이다. 그것의 핵심 원리는 ① 지구와 행성은 고정된 태양을 중심으로 회전하고, ② 지구는 지축을 중심으로 하루에 한 번 자전한다고 하는 이론으로 구성되어 있다. 부정적 발견법에 의해 이 핵심 원리와 모순되는 여러 관찰들은 오히려 신뢰할 수 없는 것으로 거부되거나 비판되었다. 동시에 긍정적 발견법은 이 핵심 원리를 기초로 하여 현상을 설명할 수 있는 여러 보조 가설들을 개발해 냄으로써, 이 프로그램은 진보적인 문제교체를 이루어 내었던 것이다.

이제 남은 과제는 역사관이 어떤 근거에서 과학적 연구 프로그램으로 해석될 수 있는가를 설명해야 한다. 나는 우선 역사관의 구조가 과학적 연구 프로그램의 구조와 유사하다고 본다. 말하자면 우리가 어떤 역사관을 갖고 역사연구를 진행한다고 할 때도, ① 우리가 어떤 핵심적 가설들의 체계를 갖고 출발하며, ② 이 핵심적 가설들은 소소한 반증들로 부터는 제외되어 있으며, ③ 여러 보조 가설들을 활용하고, 수정시키면서 연구를 진행해 간다는 점에서, 역사관이 라카토슈가 제시한 과학적 연구 프로그램과 유사하다는 것이다.

이제 나는 다음 장들에서 라카토슈의 연구 프로그램 방법론을 활용하여 역사관에 대한 더욱 자세한 정식화를 시도해 보고자 한다. 역사관의 정식화를 위해서는 먼저 역사관의 핵심 원리를 구성하는 것이 필요하다. 이 핵심 원리에는 역사관의 세 요소가 포함되어 있어야 한다. 즉, 역사의 주체, 목표 및 실현 방법, 진행방향이 언급되어야 한다. 그리고 보조 가설을 비롯하여 부정법 발견법과 긍정적 발견법을 구체화시켜야 한다.

5장. 객관성 없는 사관은 공허하다

역사관[01]이란 역사를 이해하는 통일적 견해나 해석을 의미한다. 역사관은 역사가의 역사 서술에 영향을 미치며, 수많은 역사적 자료의 더미를 분류하고, 정리해야 할 통합적 지침을 제공한다. 그것은 역사적 자료의 수집이나 자료의 분석과 같은 단순한 방법만을 지칭하는 것이 아니라, 폭넓은 발견적 지침을 제공하는 것이다. 말하자면 그것들은 역사가가 연구의 방향을 설정하고, 그의 주제에서 추구해야 할 것을 결정할 때 기준이 되는 이론적 범주들이나 원칙들의 체계이다. 이것은 세계관이 세계 전체에 대한 통일적 이해를 의미하는 것과 같다.

그렇지만 역사관이 역사세계에 대해 아무리 통일적인 해석을 제공한다 할지라도, 역사적 사건들을 구체적으로 설명해 주지 못한다면 그것은 역사관의 자격이 없다고 해야 할 것이다.

1. 사관은 역사세계를 설명하는 실재론적 가설이다

우리가 사관을 역사연구의 기본 틀로서 인정한다 할지라도, 사관이 어떤 존재론적 지위를 갖는가에 대해서는 의견을 달리할 수 있다. 이것은 과학이론의 존재론적 지위에 대해 서로 다른 견해를 가질 수 있는 것과 같은 맥락이다. 여기서 서로 다른 입장이란 본질주의(Essentialism)와 실재론(Realism) 및 도구주의를 의미한다.[02]

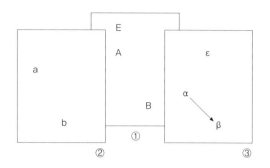

본질과 현상, 그리고 그것에 대한 기술

이 그림에서 ①은 본질적 실재의 세계를, ②는 관찰 가능한 현상적 사실의 세계를 나타낸다. ③은 세계를 표현하는 언어의 체계이다. ②의 a와 b는 관찰 가능한 사실들이다. ①의 A와 B는 이런 사실들에 상응하는 본질적 실재들이며, E는 A와 B의 본질적 속성이다. ③의 ε는 E를 기술하는 이론이며, α와 β는 a와 b나 A와 B를 기술하는 기호적 표현이다. 이제 우리가 ε와 α로부터 β를 연역해 낸다는 것은 왜 a가 b의 원인인가(혹은 왜 A가 B로 되는가)를 설명하는 것을 의미한다. 본질주의는 ①에다 초점을 맞춘다. 현상 배후의 실재들과 그 속성들을 알 때만 참다운 인식이 가능하다고 보기 때문이다. 반면에 도구주의는 ①은 존재하지 않고 ②만 존재한다고 주장한다. ②와 ③을 대응시켜 보면 α는 현상 a에 대한 기술이며 β는 b에 대한 기술이지만 ε는 아무것도 기술하지 않는다. 그것은 단지 α로부터 β를 연역해 내도록 도와주는 도구일 뿐이다.

실재론은 이 두 양극단을 종합하는 제3의 길이다. 종합의 길은 ①
과 ②를 한 세계의 두 층으로, 말하자면 ①은 직접적으로 관찰 가능
한 현상의 세계이고 ②는 간접적으로 추론 가능한 심층적 세계로
보는 것이다. 그러므로 이론은 실재 세계를 설명하지만, 그것은 언
제나 가설적이다.[03]

과학의 본질주의란 과학이론은 사물의 본질적 속성을 기술해야
한다는 주장이다. 포퍼는 본질주의를 다음과 같은 두 논제의 결합
으로 설명한다.

1) 과학자는 모든 합리적인 의심을 넘는 이론들의 진리를 최종적으로
   확립할 수 있다.
2) 최고의 진정한 과학이론은 현상의 배후에 놓여 있는 실재, 즉 사물
   의 본질적 성질을 기술하는 것이다.

본질(Essence)이란 원래 어떤 사물을 바로 그 사물이게끔 하는 그
사물에 내재하는 고유한 성질을 가리키는 말이다. 이것은 먼저 그
사물에 있을 수도 있고 없을 수도 있는 우연적 성질과는 구별되며,
우리의 경험을 넘어서 있다는 의미에서 경험의 영역인 현상과는 구
별된다.

플라톤은 참된 본질은 변화하는 현상과는 다른 형상, 즉 이데아
라고 했다. 형상은 우리의 감각으로는 파악할 수 없는 본체계에 속

하며, 현상계에 수많은 다자를 가능하게 하는 근원적인 형상이다. 예컨대 우리는 수많은 삼각형을 현상세계에서 관찰할 수 있지만, 삼각형의 본질은 '3개의 직선으로 만들어진 도형'이다. 반면에 아리스토텔레스는 본질이 현상세계와는 다른 본체계에 존재하는 것이 아니라 현상세계 속에 내재한다고 보았다.

본질이 현상 초월적이든, 현상 내재적이든 본질주의는 이 본질을 탐구하는 것이 과학의 임무라고 보는 입장이다. 예컨대 아이작 뉴턴은 본질주의자였다. 그는 직접 접촉에 의한 기계적 밀치기의 가정에서 인력의 법칙을 연역하여 중력에 관한 궁극적인 설명을 추구했던 것이다.[04] 그렇지만 이러한 본질주의는 실패했을 뿐만 아니라, 자의적인 독단이라 할 수 있다. 궁극적인 과학적 설명이란 존재할 수 없기 때문이다. 라이프니츠가 통찰했던 것처럼, 뉴턴이 가정한 접촉에 의한 밀치기에 대해, 다시금 '물체들이 서로 밀치는 이유는 무엇인가' 하는 질문을 제기할 수 있기 때문이다.

반면에 도구주의는 현상 배후에 본질은 존재하지 않는다고 보며, 그렇기 때문에 이론은 아무것도 기술하는 것이 없는, 현상들에 관한 진술들을 연결시켜 주는 도구에 불과하다는 주장을 함으로써, 본질주의와 대척점을 이룬다. 도구주의는 유명론적 언어철학에 근거하고 있다. 예컨대 '인력(Force of attraction)'이라는 표현은 무의미한 표현이다. 왜냐하면 인력은 결코 관찰할 수 있는 대상이 아니기 때문이다. 뿐만 아니라 도구주의의 이런 언어관은 성향적 단어들

(Dispositional Words)마저 무의미하다는 판단을 내린다. 예컨대 '부서질 수 있는(Breakable)' 것과 같은 어떤 성질을 표현하는 일상적인 단어들도 의미가 없다는 것이다.

전체적으로 도구주의는 과학이론은 단지 계산규칙이나 추론규칙에 불과하다고 주장한다. 그렇지만 순수이론과 기술적 계산은 차이가 존재한다. 이론의 세계는 시험과 논박을 필요로 하지만, 계산의 세계에서는 이런 것들이 필요하지 않다. 도구주의는 양자론이 제기한 특수한 난점을 해결하기 위한 방식이었지만, 과학일반을 제대로 설명해 주지는 못한다.

본질주의와 도구주의라는 양극단의 중간에 위치하는 실재론은 다음과 같이 주장한다. "과학자는 세계에 관한 참된 이론이나 법칙들의 발견을 목표로 하며, 그것들은 또한 관찰 가능한 사실들에 대한 설명이어야 한다."[05] 그렇지만 그 이론들이나 법칙들은 참이라고 입증된 것이 아니라, 엄격한 비판에 회부되어 가끔 거짓이라고도 밝혀지는, 세계에 대한 정보를 최대한 많이 가지고 있는 추측들이다.

실재론은 본질주의와 같이 사물들의 어떤 실체적 본질을 전제하지는 않지만, 세계에는 우리가 경험하는 현상뿐만 아니라 현상을 넘어서는 실재까지도 존재함을 인정한다. 말하자면 현상은 실재의 한 부분이라고 본다. 그리고 과학이 이런 실재의 세계를 발견할 수 있다고 주장한다. 물론 이때에도 모든 이론은 계속해서 비판적으로 검토되어야 할 가설에 불과하다는 전제는 깔려 있다.

과학 이론의 존재론적 지위에 관한 논의들은 사관에 대해서도 그대로 적용할 수 있을 것으로 생각된다. 사관은 이론과는 성격이 다르지만, 개별들을 한데 묶어 설명한다는 점에서는 이론과 비슷한 기능을 수행하기 때문이다. 그러므로 사관에 대해서도, 본질주의와 도구주의, 그리고 실재론의 관점에서 그 존재론적 위상을 논의할 수 있을 것이다.

본질주의적 역사관, 즉 역사관이 역사세계의 본질을 드러낸다는 주장은, 지나치게 독단적이다. 본질을 판단할 어떤 합리적인 방법도 없기 때문이다. 예컨대 '모든 역사는 계급투쟁의 역사다'는 유물사관을 본질주의적으로 해석할 경우, 계급투쟁이 아닌 역사는 역사에서 배제되거나, 계급투쟁의 역사로 환원하지 않으면 안 될 것이다. 동시에 역사를 보는 다른 사관들은 부정할 수밖에 없을 것이다. 뿐만 아니라 본질주의적 역사관을 채택할 경우 미래에 전개될 역사까지도 같은 원리에서 설명될 수 있다고 주장할 것이다. 이러한 자의적이고 독단적인 태도는 결국 역사의 객관적 설명을 위태롭게 할 것이다.

지금까지 본질주의를 표방하는 수많은 역사관이 제시되었고, 이들이 상호 모순되기도 한다는 사실은 본질주의적 역사관의 정당성을 의심케 한다. 도구주의적 역사관은 이와 정반대의 입장을 취한다. 말하자면 사관을 역사세계를 반영하는 어떤 체계나 틀이 아니라 역사적 사건들을 서로 연관 지어 주는 도구로 본다. 예컨대 우리가 '역사는 진보한다'는 진보사관을 갖고 역사를 탐구한다고 해보자. 이때 그것은 역사적 사건들, a, b, c … n 을 진보적인 틀 속에서 인과적으로나 공간적으로 연결시키고 설명하는 데 사용될 뿐, 그 자체의 참과 거짓은 논의할 수 없게 된다. 도구에는 보다 좋은 도구와 보다 못한 도구만이 있을 뿐, 참된 도구와 거짓된 도구란 존재할 수 없기 때문이다.[06]

실재론적 역사관을 용일할 때만 역사관의 참·거짓에 대한 논의가 가능해진다. 이것만이 우리가 경험하는 역사세계와 직접적으로 연관되기 때문이다. 본질주의적 역사관은 본질에 대한 의견 일치가 어렵기 때문에, 그것의 참·거짓을 객관적으로 판단하기는 불가능하다. 반면에 도구주의적 역사관은, 그것이 한갓 도구에 불과하기 때문에, 진리와 관련된 어떤 시험이나 논의도 배제된다. 도구에 대해서는 오직 유용성 여부만이 논의될 수 있기 때문이다.

실재론적 역사관은 역사적 사건들의 특성을 어떤 원리 하에서 드러내면서, 이들을 체계적으로 연관 지으려고 한다. 실재론적 역사관은 역사세계를 표상하는 특성을 갖는다. 그렇지만 그것은 동시에 계속해서 비판적으로 검토되어야 할 가설적 성격을 갖는다고 보아야 한다. 역사관은 역사세계의 본질을 반영하는 것도 아니며, 그렇다고 단지 역사세계를 설명하는 도구라고 할 수도 없다. 그것은 잠정적이고 잘못될 수도 있는 가설이지만 역사세계를 통일적으로 반영하는 원리이다.

결론적으로 역사 서술에서 사관과 역사적 사실은 정합적 평형상태에 있어야 한다. 역사관 없는 역사 서술은 역사세계를 체계적이고 통일적으로 그려 내지 못한다. 반면에 역사적 사실을 제대로 드러내지 못하는 역사관은 폐기될 수밖에 없다.

2. 근대 사관의 두 원형은 인본사관과 민족사관이다[07]

1) 인본사관: 역사는 인류의 보편적 진보사이다

보편과 특수(개성)는 우리가 사물을 설명하는 기본적인 범주 중의 하나라고 할 수 있다. 여기 밤나무, 감나무, 대추나무가 한 그루씩 있다고 하자. 이들이 나무라는 측면에서는 모두 같다고 할 수도 있고, 또한 밤, 감, 대추는 다른 종류의 과일이기 때문에 이들은 각기 다른 나무라고 할 수도 있다. 이때 나무라는 측면에 초점을 맞추면 우리는 보편적 측면에서 이들을 가리키는 것이며, 밤, 감, 대추들을 중시하면 특수나 개성에 초점을 맞추는 것이다. 여러 사물들이 난립할 때에는 어떤 기준을 설정해야 정리될 수 있다.

우리는 흩어져 있는 사물들을 어떤 기준을 중심으로 모으기도 하고, 모여 있는 사물들의 성격을 어떤 기준을 기점으로 확정하기도 한다. 이때 기준은 다른 모든 사물에 작용한다는 의미에서 보편과 비슷한 기능을 수행하기도 한다. 물론 이때 기준에서 벗어나는 것들은 특수가 되고 개별이 된다.

보편과 특수의 범주는 인간과 사회 및 역사에도 적용된다. 인간을 모두 이성적 존재라는 관점에서 인간을 같은 존재로 볼 수도 있고, 각 개인이 갖고 있는 개성에 초점을 맞추어 모든 인간은 개성적 존재라고 규정할 수도 있다. 사회에 대해서도 같은 논리로 이야기할 수 있다. 한, 중, 일 동양 삼국만 해도 그렇다. 동북아시아 사회라는 기준에서는 모두 함께 묶인다. 그렇지만 언어와 전통, 민족의 측면에서는 모두 다른 사회다.

인류의 역사에 관련해서 보면, 18세기 서구 계몽주의는 보편주의의 전형적인 실례이고 이에 대항했던 19세기 고전적 역사주의는 개성주의를 대표한다. 나는 18세기 계몽주의의 역사관과 그에 대비되는 고전적 역사주의의 역사관을 근대의 대표적인 두 역사관으로 규정하려고 한다. 계몽주의의 키워드는 이성과 진보, 문명이었다. 고전적 역사주의의 키워드는 개성과 발전, 연관성이었다.

볼테르, 디드로, 콩도르세 등이 주장한 계몽주의의 인본사관은 다음과 같은 연구 프로그램으로 나타낼 수 있다.

(1) 핵심 원리

① 역사의 주체는 인류의 보편적 이성이다.

② 이성은 계몽을 통해 인류문명의 완성을 추구한다.

③ 역사는 무한히 진보한다.

(2) 보조 가설

① 인간은 완전해질 가능성을 갖고 있다.

② 과학의 탐구에서 작동하는 이론이성과 행위를 규제하는 실천이성은 함께
실현된다.

③ 근대문명은 중심부인 서구에서 서구와 지리적으로 가까운 반주변부로,
여기서 다시 주변부로 전파된다.

(3) 부정적 발견법

① 인류의 보편적 이성 이외에 다른 주체나 힘을 상정하지 말 것.

② 인류 문명의 완성 이외의 다른 역사의 목적을 설정하지 말 것.

③ 역사의 과정을 진보 이외에 퇴보나 순환의 관점에서 보지 말 것.

(4) 긍정적 발견법

① 역사적 사건들을 이성의 실현이란 관점에서 정리할 것.

② 각 시대를 이성의 실현단계에 따라 구분할 것.

③ 각 시대를 진보의 관점에서 연결할 것.

핵심 원리는 역사관의 세 요소, 즉 주체와 목적, 방향을 이야기 한
것이다. 핵심 원리는 이 프로그램이 폐기되기 전까지는 지켜져야
할 원리이지만, 보조 가설은 상황에 따라서는 수정, 보완할 수 있는
것들이다. 핵심 원리가 같다고 할지라도 보조 가설은 상황에 따라

다양하게 변형될 수 있는 것은 이런 이유 때문이다. 부정적 발견법은 핵심 원리에 반증을 적용하지 못하게 하는 지침이며, 긍정적 발견법은 핵심 원리를 현실에 적용해서 작업하게 하는 지침이다.

이런 정식화는 인본사관의 정수를 한눈에 볼 수 있게 한다. 인본사관은 서양 중세부터 내려온 섭리사관과는 극명하게 비교된다. 우선 핵심 원리에서 역사의 주체가 신이 아니라 이성적 존재인 인류라는 것을 나타내며, 역사의 목표가 신에 의한 인류의 구원이 아니라 이성이 추구하는 문명의 완성임을 보여 주고, 역사가 최후의 심판 때 종결되는 것이 아니라 무한히 진보해 갈 것임을 주장한다.

계몽주의의 역사철학은 역사를 단순히 사변의 구성으로 보는 것이 아니라, 오히려 풍부한 역사적 자료에 대한 생생한 관찰을 통하여 역사를 신학의 후견으로부터 해방시키는 작업부터 시작한다. 이것은 대단한 전환이라고 할 수 있다. 이런 역사철학은 동시에 데카르트의 엄격한 합리주의 노선으로부터의 전환이었다. 데카르트의 방법론적 회의주의에서 보면, 역사적인 것들에 관한 지식은 지식의 영역에서는 배제될 수밖에 없다. 역사적 지식은 엄밀하게 논증할 수 있는 지식이 아니기 때문이다.

이런 맥락에서 계몽주의의 역사 서술을 대변하는 피에르 베일(Pierre Bayle)은 두 가지 해방을 동시에 수행했다. 하나는 신학에서 해방되는 것이고, 다른 하나는 데카르트주의에서 해방되는 것이다.

당시 자크 베니뉴 보쉬에[08]는 전통적인 신학적 입장에서 위대하고 장엄한 역사를 설계하고자 했고, 역사의 의미를 종교적으로 해석하고자 했다. 말하자면 역사적 사실의 권위는 성서의 권위에 의존하고, 성서의 권위는 교회의 권위와 전통에 의존하는 것이었다. 그리고 교회의 권위와 전통은 더 이상 의심할 수 없는 최후의 보루였다. 베일은 이런 건축물을 사상누각에 불과하다고 보고, 상황을 뒤집고자 했다. 마지막 근거인 교회의 권위와 전통의 가치는 어디까지나 역사적 사실을 기초로 해서 증명되어야 한다고 생각했던 것이다.

그는 철저한 실증주의적 입장에서 역사의 고유한 확실성을 탐구하고자 했다. 그는 사실적인 자료들을 가능한 한 최대한으로 수집하고자 했고, 이전의 역사 서술처럼 역사세계에 대한 거대한 형이상학적 체계를 제시하려는 것이 아니라 특수한 사실들 하나하나를

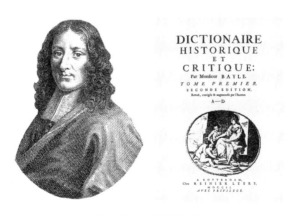

피에르 베일과 『역사비평 사전』

추적하고, 그것들을 비판적으로 밝혀 보려고 했다.

베일은 갈릴레이가 성서로부터 독립해서 과학적 방법을 추구하고 자연현상을 설명하려 했듯이, 비슷한 전환을 수행하여 역사학을 독자적인 방법적 토대 위에 세워 놓았다. 그가 종종 역사학의 갈릴레이로 평가되는 것은 이런 이유 때문이다.

데카르트주의로부터 해방을 선언한 것도 역사학에서는 중요한 의미를 갖는다. 데카르트는 명석 판명한 관념만을 기초로 학문의 체계를 수립하려 했고, 이런 체계 아래에서는 역사학이 존립할 수 없었다. 이에 반해 베일은 감각지각에 근거한 역사적 사실도 지식의 영역에 포섭될 수 있다고 보았던 것이다. 이것은 역사학도 학문으로서 성립될 수 있다는 것을 의미한다.

베일은 역사학의 윤리학자이기도 했다. 그는 역사학자가 지녀야 할 덕목들을 다음과 같이 제시한다. "역사란 깨끗한 손으로 만져야 하고, 그리고 역사 서술은 어떤 선입견에 의해 방해 받아서도 안 되며, 어떤 종교적 내지 정치적 당파심에 의해 왜곡되어서도 안 된다."[09] 이런 점에서 역사학자는 스토아학파의 정신을 배워야 한다고 베일은 주장한다.

베일과는 달리 볼테르는 일회적이고 개별적인 것을 묘사하려는 것이 아니라, '시대정신'을 그리고 '국민정신'을 밝혀내려고 했다. 그가 주목했던 것은 문화의 발전과정이요, 문화의 개별적 계기들이 서로 어떻게 연관되는가 하는 것이었다.[10] 볼테르는 지금까지의 역사서술이 해결하지 못한 본질적 결함이 사건의 신화적 해석과 영웅 숭배라고 본다. 이 양자는 상호의존적이다. 영웅이나 지배자에 대한 숭배는 바로 역사의 신화화에서 생기기 때문이다. "나는 영웅들을 좋아하지 않는다. 그들은 세상을 너무 요란스럽게 한다. 나는 뽐내는 저 정복자들을 증오한다. 그들은 지고한 행복을 전투의 공포 속에서 찾으며, 어디서나 죽음을 노리며, 수많은 사람들에게 죽음의 고통을 겪게 한다. 그들의 영광이 찬란하면 할수록 그만큼 그들은 증오스러운 자들이다."[11] 이리하여 역사 서술의 중심점은 정치사에서 정신사로 옮겨진다. 이때 정신의 개념은 인간이 참다운 자기의식에 도달하기까지 거쳐야 할 모든 변화의 총체를 의미한다. 볼테르의 『국민정신과 풍속에 관한 시론』의 목적은 이런 자각에 이르기까지 인류의 점진적인 진보과정과 이 진보의 과정에서 극복해야 할 장애 요소를 밝혀내려는 것이다. 인류의 진보는 정치발전에만 의존하는 것이 아니라, 종교, 예술, 과학, 철학의 모든 발전을 총체적으로 포괄한다.

계몽주의 인본사관에서 빠트릴 수 없는 인물이 마르퀴 드 콩도르세다. 그는 인류의 역사가 무한히 진보해 갈 것이라는 낙관적 견해를 누구보다도 강렬한 신념으로써 피력했다. 이 점에서 그는 계몽주의 역사철학의 완성자며 동시에 대변자가 된다. 그는 미래에 대한 예견이 전혀 터무니없는 환상이라고 생각하지는 않는다. 그것은 법칙에 기초해서 자연현상을 예측하는 것이 가능하듯, 역사에서도

볼테르의 『국민정신과 풍속에 관한 시론』

과거의 경험에 기초해서 인류의 미래에 대해 예측하는 것은 가능하
다는 것이다.

　콩도르세는 인류의 미래에 대한 기대를 세 가지로 축약한다. ①
여러 국가 사이의 불평 등의 파괴, ② 한 국민 내에서의 평등의 진
보, ③ 인간의 현실적 완성이 그것이다.[12] ①의 예로서 그는 유럽의
착취로부터 여러 식민지가 결국 해방될 것이라고 예측한다. 뿐만
아니라 정복자들에게 복종해 온 인민들은 계몽되어 평등한 사회를
건설할 수 있을 것으로 본다.

　그러나 자유로운 지상의 인간이 태양보다 더 빛나는 때가 올 것이다.
　태양이 인간의 이성 외에는 다른 주인을 알지 못할 때가 올 것이다. 그
　때 폭군과 노예 선교사들과 그들의 우둔함이나 위선은 역사와 극장에

서나 찾아볼 수 있게 될 것이다. 그때 우리는 그들의 희생자와 미련한 이들을 동정하기 위해서, 그들의 폭력 행위에 대한 혐오감을 통해 유용한 경계심을 잃지 않기 위해서, 이성의 힘 아래 미신과 압제의 최초의 싹들을 ―언젠가 다시 나타난다면― 인식하고 짓밟아 버릴 수 있기 위해서만 그런 것에 관심을 갖게 될 것이다.[13]

콩도르세의 역사철학은 루소의 이론과는 대립되는 것이었다. 루소는 ① 학문과 기예의 발전에 의해 도덕은 황폐화되며, ② 사회정치적 진화는 불평등을 심화시킨다고 주장했다. 이런 주장에 대해 콩도르세는 다음과 같이 주장했다.[14] "우리는, 파란만장한 고난으로 점철된 거친 사회에서 계몽되고 자유로운 인민의 문명 상태로의 통과는 인류의 퇴락이 아니라 단지 절대적 완전을 향한 점진적 행진에서 나타나는 필연적 위기일 뿐임을 보여 줄 것이다. 이로써 계몽의 증가가 아닌 쇠퇴의 증가가 개화된 인민의 악덕을 낳는다는 것을 보여 줄 것이다."

전체적으로 콩도르세의 역사철학에는 ① 인간은 본성상 무한히 완전해질 가능성을 가진 존재이며, ② 인간은 역사적으로 오랜 기간의 과정을 거치면서 효과적으로 완전해졌다는 전제가 깔려 있다.[15] 이런 관점에서 그는 『인간 정신의 진보에 대한 역사적 개요』(1795)에서 인류의 역사를 다음과 같이 10단계로 나누었다.

1) 부족의 형성

2) 목축과 농업으로의 전환

3) 글쓰기의 발명

4) 그리스인의 철학과 과학

5) 로마인의 철학과 과학

6) 중세시대의 쇠퇴와 십자군 전쟁 당시의 회복

7) 르네상스에서 인쇄술 발명까지

8) 과학과 철학의 부흥시기

9) 계몽주의와 프랑스혁명의 이성의 승리

10) 인류의 미래진보

콩도르세는 인류의 역사가 무한히 진보해 갈 것으로 확신했다. 그는 인간의 능력에 어떤 한계를 상정하지 않았다. 그는 진보가 누적적으로 진행될 수 있다고 보고 어떤 역전도 불가능하다고 주장했다. 이를 그는 이성과 자유의 증가의 법칙으로 표현했다.

자연은 우리 인간들의 능력의 완전성에 대한 조건을 설정하지 않는다. 따라서 인간이 완전해질 가능성은 실로 무한하다. 이러한 완전 가능성의 진보는 당장 그 진보를 중단시키고자 하는 어떤 힘으로부터도 독립적이다. 자연이 우리에게 준 이 지구가 존속하는 동안에는 어떠한 한계도 없을 것이다. 이 진보는 거대한 우주에서 지구가 현재의 위치를 차지하고 있는 동안에는 결코 역전되지 않을 것이다. 그리고 이 체계의 일반법칙이 산출되는 동안에는 어떠한 파국적 변화도 현재의 인류가 지닌 능력과 자원을 박탈할 수 없을 것이다.[16]

인본사관은 섭리사관을 대체하는 근대의 가장 중요한 한 사관이다. 그렇지만 인본사관은 역사의 주체로 상정한 이성과 역사의 진보를 지나치게 낙관하며, 과학이 모든 문제를 해결해 줄 것으로 맹신한다. 동시에 인간의 이기심에 대한 성찰이 부족하다. 이성은 오류가능하다. 그렇기에 역사는 야만으로 퇴보하기도 한다. 근대의 인류사가 이를 증명한다. 인본사관은 이런 현실을 충분히 설명하지 못했다.

2) 민족사관: 역사는 민족들의 개성적 발전사이다

프리드리히 마이네케(Friedrich Meinecke)가 독일 정신이 이룩한 가장 위대한 정신 혁명이라 격찬한 고전적 역사주의는 역사를 민족들의 개성의 실현이라는 관점에서 이해하려는 사상이다. 요한 헤르더(J. G. Herder), 칼 훔볼트(K. W. Humboldt), 랑케 등은 계몽주의의 보편적 인간성의 발휘를 통한 인류 보편사의 진보 이론에 대항하여, 여러 민족정신들의 독특한 개성의 실현이라는 이론을 반명제로 제안했다.

이들은 모두 역사는 보편적인 것을 추구하는 것이 아니라, 개별적인 것, 특수한 것을 추구한다고 주장한다. 요한 헤르더의 다원주의가 그 대표적인 실례다. "한 개인의 개성이란 얼마나 표현하기가 어려운가, 그를 분명히 구별하기가 얼마나 어려우며, 그가 어떻게 느끼고 체험하는지를 아는 것이 얼마나 어려운가. 모든 것을 그의 눈은 얼마나 다르게 보며, 그의 영혼은 얼마나 다르게 측정하며, 그의 심장은 얼마나 다르게 경험하는가."[17] 헤르더에 의하면 인간들의 자연 공동체는 풀처럼 자발적으로 성장한다. 그것은 인위적 조임틀에 의해 강제로 결합되거나 단순히 무력에 의해 공고해지는 공동체가 아니다. 이처럼 자연적으로 결속된 사회들은 제각기 나름대로의 완성이라는 이상을 추구하며, 한 사회의 이상은 나머지 다른 사회들의 이상들과 비교될 수 없을 정도로 완전히 구별되는 것이다.

민족사관은 인류의 역사를 민족들의 역사로 본다. 민족은 독특한 개성과 혼을 갖고 있고, 각 민족의 역사는 자신의 그런 개성과 혼을 실현하는 역사다. 그러므로 각 민족들은 같은 방향이나 목표를 추구하지 않는다. 여러 민족들은 서로 협력하기도 하고 투쟁하기도 한다. 이런 와중에서 기력이 다한 민족은 소멸하고, 기력이 왕성하게 된 민족은 번창한다.

계몽주의와 고전적 역사주의(역사 개성주의)는 상호 극명하게 대립한다. 역사관에 관련해서 보면, 먼저 역사의 주체가 인류 대 민족으로 갈린다. 고전적 역사주의는 인류라는 포괄적이고 다소 추상적인 집단 대신에 언어와 역사와 생활방식을 공유하는 집단인 민족을 역사의 주체로 부각시킨다. 지상에는 수많은 민족들이 존재한다. 그러므로 인류사는 여러 민족들의 역사를 합친 것이 된다.

이러한 민족사관은 다음과 같은 연구 프로그램으로 정식화될 수 있다.

(1) 핵심 원리

① 민족들이 역사의 주체다.

② 민족들은 상호경쟁을 통해 자신들의 번영과 독특한 정신을 실현하려고 한다.

③ 민족들은 제각기 상이한 발전단계들을 갖는다.

(2) 보조 가설

① 민족들은 독자적인 언어와 문화를 갖는다.

② 민족들은 지정학적 환경과 역사적 전통에 따라 독특한 민족정신을 형성한다.

③ 민족들은 타민족과의 협력과 투쟁이라는 이중적 상태 속에서 존립한다.

(3) 부정적 발견법

① 민족들 이외에 다른 역사의 주체를 상정하지 말 것.

② 민족들의 번영과 그들 정신의 실현 이외에 다른 역사의 목적을 상정하지 말 것.

③ 민족들의 상이한 발전 단계를 통일시키려고 하지 말 것.

(4) 긍정적 발견법

① 역사적 사건들을 민족들의 번영과 정신의 구현과정으로 이해할 것.

② 국제적으로 얽힌 사건들은 자민족의 입장에서 해석할 것.

③ 민족정신의 실현 단계를 구체적으로 구분할 것.

　계몽주의는 모든 인간들이 이성을 소유하고 있는 이성적 존재이고 어느 곳에서나 인간의 본성은 본질적으로 동일하다고 주장한다. 반면에 고전적 역사주의는 시간과 장소는 인간들에게 영향을 주기 때문에, 민족의 개성은 다양하다고 주장한다. 이것은 인류의 세계로서의 역사 대 여러 민족의 세계로서의 역사의 대결이라 할 수 있다.

　물론 계몽주의도 인류가 동시에 같은 수준의 역사를 창조한다고 생각하지는 않는다. 이성의 실현 정도에 따라 역사의 시기를 구분할 수 있을 뿐만 아니라, 각 시기마다 역사의 중심부와 주변부는 불가피하게 나누어진다. 그 결과 중심부에서 주변부로 문명은 전파된다. 이에 반해 고전적 역사주의는 각 민족국가들이 때로는 협력하기도 하지만 본질적으로는 우열을 다투는 경쟁관계에 있다고 본다. 민족 간의 공존과 협력을 추구하면 열린 민족주의가 되고, 배타와 경쟁을 강조하면 닫힌 민족주의가 된다. 독립운동가이며 민족사학자인 신채호가 역사를 아(我)와 비아(非我)의 투쟁으로 본 것은 당시의 시대적 상황 때문으로 판단된다.

계몽주의는 역사의 목표를 완전한 문명의 건설에 두었다. 완전하다는 개념은 상황에 따라 다르게 정의될 수도 있겠지만 추상적으로는 적어도 프랑스 시민 혁명이 추구한 자유, 평등, 박애의 이념이 완전히 실현된 사회라고 할 수 있다. 그리고 역사는 이런 목표를 향해 전진해 간다고 보았다. 계몽주의의 이론적 기초는 변화하지 않는 보편적인 인간성과 자연법, 인류의 보편적 평등과 모든 종류의 설명을 충족시키는 인간 이성, 역사 담당자로서의 인류 및 인류의 세계였는 데 반해, 고전적 역사주의는 일회적 개성과 실증법, 인간 본래의 불평등과 비합리주의, 역사 담지자로서의 국가 및 여러 민족의 세계에 기초하고 있었다.

신채호

신채호의 『조선사론』
출처: 국립한글박물관

민족사관은 제국주의에 대항하는 민족독립운동에 다음과 같은 논리로 무한한 힘과 영감을 불어넣었다. 민족들이 역사의 주체이고, 역사의 목적이 여러 민족들이 가진 개성의 완전한 실현이라면 왜 우리 민족이 다른 민족의 지배하에 살아야 한단 말인가?

　　민족사관은 보편사의 시각이 약하다. 이것은 민족을 초역사적인 어떤 실체로 상정하고, 민족혼이나 민족정신 등의 주체성을 지나치게 강조한 나머지 민족사를 세계사의 흐름과는 거의 독립적으로 파악하려는 경향이 있다. 따라서 민족사관은 우물 안 개구리가 될 위험부담을 안고 있으며, 민족은 어떤 불변의 실체라기보다는 역사적으로 형성된 산물이며, 모든 민족은 개성적인 측면을 갖고 있고 독자적인 발전 단계를 갖기도 하지만 다른 민족들과 상호 얽혀서, ─ 특히 지리적으로 인접한 민족들과 ─ 영향을 주고받으며 상호발전해 왔다는 현실을 자주 간과한다.

6장. 사관의 우열을 가릴 수 있는가?

5장에서 나는 근대사관의 두 원형으로서 인본사관과 민족사관을 과학적 연구 프로그램으로 정식화시키면서 논의했다. 현대의 여러 사관들은 이들 사관에서 파생된 것이다. 이런 점에서 나는 그들을 원형이라고 불렀다.

현대의 대표적 사관으로는 정신사관과 유물사관을 들 수 있고, 서구중심의 역사발전을 거부하는 문명사관을 논의할 수 있다. 나는 이 장에서 정신사관과 유물사관을 설명하고, 다음 장에서 문명사관에 대해 논의하려고 한다. 동시에 사관의 우열을 판별할 기준에 관하여 검토하려고 한다.

1. 정신사관: 역사는 정신의 실현과정이다

정신론은 만물의 궁극적 실재를 정신적인 것으로 보는 입장으로, 궁극적 실재를 물질적인 것으로 보는 유물론과 대립된다. 정신론은 인간을 정신과 육체의 결합으로 보면서도 정신에다 우선권을 부여한다. 여기서 육체의 사멸 후 영혼의 불멸 여부는 문제시되지 않는다. 정신은 많은 경우 '이성'으로 불리기도 한다.

정신사관은 역사를 창조해 가는 원동력이 육체적 욕망보다는 정신이라는 이론이다. 이것은 역사의 목표를 정신의 실현으로 규정한다. 그리고 이런 실현은 대립과 투쟁이라는 변증법에 따라 진행된다고 설명한다. 이런 정신사관은 다음과 같이 정식화된다.

(1) 핵심 원리

① 역사의 주체는 정신이다.

② 정신은 장애물의 극복이나 변증법적 방법에 의해 자신의 본질을 완전히
  실현하려고 한다.

③ 정신의 실현은 여러 단계를 거치며 진보한다.

(2) 보조 가설

① 정신의 본질은 자유다.

② 정신은 욕망을 자신의 실현도구로 사용한다.

③ 서양에서 진정한 자유가 시작되었다.

(3) 부정적 발견법

① 정신 이외에 다른 역사의 주체를 상정하지 말 것.

② 정신의 완전한 실현 이외에 다른 역사의 목적을 상정하지 말 것.

③ 역사의 과정을 퇴보나 순환의 관점에서 보지 말 것.

(4) 긍정적 발견법

① 역사적 사건들을 정신의 실현으로 이해할 것.

② 역사의 과정을 정신의 실현 정도에 따라 단계별로 구분할 것.

③ 역사적 사건들을 역사의 발전단계에 대응시켜 해석할 것.

이런 정신사관은 독일관념론과 게오르크 헤겔의 철학에 의해 심화되었으며, 현대의 여러 인문사회학자들에게 심대한 영향력을 행사하고 있다. 정신이라고 하면 먼저 정신적 실체로 이해되는 신이 마음속에 떠오른다. 그렇지만 신을 역사의 주인공으로 삼는다면 서양 중세시대에 유행했던 섭리사관이 되고 만다. 계몽주의의 인본사관 이후 정신사관은 인간의 정신을 중심으로 삼지 않을 수 없다. 물론 이런 경우에도 신적 정신과 인간 정신의 관계를 어떻게 설정할 것인가는 숙제로 남는다.

칼 마르크스는 사회구조를 상부구조와 하부구조로 나누었다. 하부구조는 경제구조이고 상부구조는 그 위에 구축되는 이데올로기적 영역이다. 이때 우리는 물질적 생산을 목표로 하는 하부구조를

게오르크 헤겔의 『역사철학강의』

구축하고 변혁시키려는 인간의 노력과 이데올로기적 상부구조를 구축하려는 인간의 노력을 구분할 수 있다. 유물사관은 하부구조가 역사의 원동력이라고 주장하는 반면, 정신사관은 상부구조와 이를 구축하는 정신을 역사의 주체로 본다.

정신이 추구하는 가치 중 자유는 언제나 가장 중요한 위치를 차지한다. 자유는 양적인 측면에서 이야기할 수도 있고 질적인 측면에서 이야기할 수도 있다. 양적 측면에서 보면 자유는 한 사람의 자유에서 소수의 자유로 다시 만인의 자유로 진보한다. 질적 측면에서 보면 외적 억압이나 구속이 없는 자유에서 행복을 추구하고 품위 있는 삶을 누릴 수 있는 자유로 심화된다.

게오르크 헤겔은 자유를 정신의 일부분을 나타내는 속성이 아니라, 정신의 유일한 속성으로 규정한다. 정신의 다른 모든 속성들은 자유를 위한 수단에 불과하다. 정신은 이 자유만을 추구하고 산출한다. 그러므로 세계사는 '자유의식의 진보'였던 것이다.[01] 이것은 다음과 같은 이야기가 된다. 우리가 어린아이에서 성인으로 성장해 가듯 정신은 낮은 단계로부터 높은 단계로 진보한다. 정신의 본질은 자유다. 그러므로 역사는 자유의 실현과정이다.

헤겔은 이 자유의식의 진보 과정을 3단계로 구분하다. 첫째 단계는 한 사람만이 자유로웠던 동양의 전제정치 단계이며, 둘째 단계는 소수의 사람만이 자유로웠던 그리스의 민주정치와 로마의 귀족정치 단계이며, 세 번째의 마지막 단계는 모든 사람이 자유로운 게르만 사회의 입헌군주정치 단계이다. 첫 번째 단계인 동양의 세계는 아직 정신이 주체성을 획득하지 못한 자연적인 상태를 기반으로 하고 있기 때문에 인간이 본래 자유로운 존재임을 알지 못했다. "개인의 연령과 비교해 본다면 동양은 역사의 소년 시대이다."[02] 그리스인에게서 최초로 자유의 의식이 일어났다. 그러나 그리스인이나 로마인이 누린 자유는 제한된 자유였다. 왜냐하면 그들은 몇 사람이 자유롭다는 것을 알았을 뿐, 만인이 자유롭다는 것을 알지 못했기 때문이다. 그들의 자유는 노예 제도 위에 구축된 일시적인 꽃이었다. "역사의 두 번째 단계인 그리스는 인류의 청년 시대이다."[03] "역사의 세 번째 단계는 추상적 보편성의 영역인 로마 세계이며 인류의 장년 시대다."[04] 그리스의 원리에는 기쁨과 쾌활과 즐거움에 충만한 정신이 있었다. 그러나 추상적인 일반적 인격성은 아직 나타나 있지 않다. 정신은 아직 추상적 보편성의 형식에까지 발전하지 못했기 때문이다. 로마의 세계사적 계기는 보편성이라고 하는 추상체이며, 인정도 눈물도 없이 냉혹하게 추구된 목적은 이 추상체를 전파시키기 위한 단순한 지배였다. 역사의 네 번째 단계는 게르만적 세계이며 인류의 노년기이다. 게르만 민족에 와서 그리스도교의 덕분으로 만인이 인간으로서 자유이며, 정신의 자유가 인간의 가장 고유한 속성을 이룬다는 의식에 도달했다. "자연의 노년기는 허약하지만, 정신의 노년기는 정신으로의 통일로 되돌아가는 완전한 성숙기이다."[05]

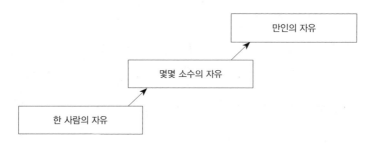

자유는 3단계를 거치며 진보한다.

헤겔의 결론은 이것이다: 그리스도교적 원리와 현실이 통합됨으로써 진정한 자유가 유럽 세계에 전개된 것은 종교개혁 이후였다. 종교개혁에서 지금까지의 추상적인 사고는 자유정신의 구체적인 의식으로 나타났으며, 그 참다운 내용을 가지게 되었다. 정신은 이제 이성적인 단계에 이르렀고, 동시에 국가 생활도 이성에 의해서 통제됨으로써, 자유는 주관적일 뿐 아니라 객관적으로 실재하게 되었다.

헤겔은 이런 정신의 발달은 변증법에 따라 이루어진다고 주장한다. 변증법(Dialectic)의 어원인 Dialego는 "대화하다", "토론하다"는 말이다. 어떤 주제에 관해 a, b 두 사람이 토론한다고 할 때, 의견의 충돌도 있겠지만 결국 두 사람의 의견이 보다 높은 단계로 종합될 수도 있다. 변증법이란 바로 이와 같이 상호 대립을 통해 보다 높은 단계로 발전해 가는 법칙이다. 처음에는 이론 발전에 적용되는 법칙이었지만, 헤겔은 이를 사실세계의 발전, 특히 역사세계의 법칙

으로 확대했다. 예컨대 자유주의자는 전통보다는 이성의 우위를 주
장하지만(정립), 보수주의자는 이성보다는 전통을 중시한다(반정립).
이런 갈등은 전통은 합리적이다(종합)에 이르면서 한 단계 상승한다.[06]
그리고 이러한 과정은 최고의 절대 지식에 이를 때까지 계속된다.[06]

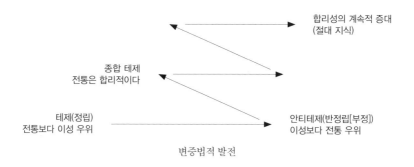

변증법적 발전

영국의 역사가 존 베리(John B. Bury)가 쓴 『사상의 자유의 역사(A
History of Freedom of Thought)』는 정신사관으로 역사를 서술한 하나의
실례가 될 것이다.

그는 사상의 자유가 얼마나 많은 제약을 극복하고 실현되어 왔는
가를 밝히고자 한다. 그는 역사를 네 시기로 나눈다. ① 그리스 로
마의 자유로운 이성의 시대, ② 중세의 구속된 이성의 시대, ③ 해방
의 전망을 밝힌 르네상스와 종교개혁의 시대, 그리고 ④ 17세기부
터 19세기까지의 합리주의가 성장하고 진보하는 시대가 그것이다.

존 베리는 우리의 문명이 그리스인들에게 크게 빚지고 있는 것

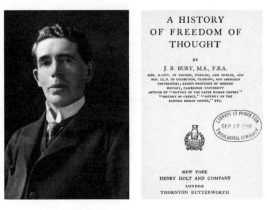

존 베리와 『사상의 자유의 역사』

은 그들이 창시한 사상과 토론의 자유라는 것을 먼저 밝힌다. "우리가 그들에게 가장 깊이 감사해야 할 부분은 그들이 사상과 토론의 자유를 창시했다는 점이다. 왜냐하면 이 정신의 자유는 그들이 이룬 철학적 사색과 과학적 진보, 그리고 정치제도적 실험의 조건이었을 뿐만 아니라 문학적이고 예술적인 탁월성의 조건이었기 때문이다."[07] 그는 이런 사상의 선구자들 가운데 특히 크세노파네스(Xenophanes)를 위시하며 헤라클레이토스(Heracleitos)와 데모크리토스(Democritos), 그리고 소크라테스와 스토아학파, 에피쿠로스학파, 회의학파 등을 든다.

서구의 두 번째 시기는 기독교에 의해 이성이 속박되고, 사상이 노예화되며 지식이 전혀 진보하지 못한 천 년간이다. 그는 이 시기를 이성이 감옥에 갇힌 시대라 부른다. "기독교의 교리와 암시들은 지식의 진보를 가로막는 견고한 성벽을 구축함으로써 중세 과학의 진로를 가로막아 19세기 후반까지 그 진보를 방해했다"[08] 예컨대 기독교의 천지창조설과 인간 타락설은 지질학과 동물학, 인류학의 자유로운 탐구를 불가능하게 했다는 것이다.

세 번째 시기가 르네상스와 종교개혁의 시기이다. 인문주의는 이성을 완전히 해방시키려는 지적, 사회적 운동이다. 이탈리아에서 시작하여 유럽의 여러 나라에서 인문주의가 거둔 성과는 이성이 해방될 수 있고 지식의 진보가 가능하다는 지적 분위기를 창조한 것이었다.

이와 함께 종교개혁도 자유의 승리를 도운 원인이 되었다. 그렇지만 베리는 종교개혁이 종교적인 자유와 개인적 판단의 권리를 확립했다는 견해는 기본적으로 잘못된 것이라고 본다. "종교개혁이 한 일은 종교적인 자유가 궁극적으로 확보할 수 있었던 일련의 새로운 정치, 사회적인 여건을 낳은 것, 그리고 종교개혁에 내재한 모순으로 인해 그 지도자들조차 전율케 만든 결과를 초래한 것이었다."[09] 이런 주장의 근거로서 베리는 루터가 양심과 신앙의 자유에 명백히 반대했으며, 칼뱅 역시 신정 정치를 지지하면서 불관용으로 악명 높았던 사실을 예로 든다.

자유의 진정한 실현은 이성의 시대인 계몽주의가 도래한 후에 나타난다. 계몽주의는 인간의 이성을 모든 판단의 유일한 기준으로 삼는 태도이다. 계몽주의자들은 자연과학의 탐구에서, 정치 · 사회의 탐구에서, 역사의 탐구에서, 종교적 권위를 철저히 배제하려고 했다. 서양 근대 철학을 출발시킨 17세기의 프란시스 베이컨, 르네 데카르트를 비롯하여, 토마스 홉스, 바르흐 스피노자, 존 로크, 피에르 베일(Pierre Bayle), 드니 디드로(Denis Didero), 볼테르와 장 자크 루소(Jean-Jacques Rousseau)가 모두 계몽주의의 대변자들이다. 19세기 들어 자유사상은 지식인뿐만 아니라 대중으로 확산된다. 이런 사실들은 역사가 자유의 확장의 역사임을 보여 준다.

정신사관이라고 해서 꼭 역사를 자유의 역사로만 봐야 하는 것은 아니다. 정신이 추구하는 다른 여러 가치들의 실현과정으로 역사를 볼 수도 있다. 예컨대 빈델반트가 주장했듯이 인류가 추구하는 가치를 진, 선, 미, 성으로 규정할 때, 역사는 진이나 선이나 미를 추구하고 실현하는 과정으로 볼 수도 있다.

정신사관은 인간이 추구하는 이념을 중시하고 인간을 고귀한 존재로 규정했다는 점에서 높은 평가를 받는다. 이런 정신사관은 정치사 대신에 사상사와 문화사를 중심으로 인류의 역사를 보도록 자극했다. 그렇지만 정신사관은 지나치게 관념적이다. 삶의 밑바탕이 되는 물질세계와 과학 기술 가치를 낮게 평가한다. 자유가 꽃피기 위해서는 먹고사는 문제가 해결되어야 한다. 민주화는 산업화를 전제로 한다.

뿐만 아니라 정신이 역사의 주체이고, 역사가 정신의 실현이라면, 인류의 역사가 전쟁의 역사라는 것은 어떻게 설명할 것인가? 현실은 정신이 아니라 동물적 욕망의 대결장이 아닌가? 현실적인 것은 결코 이성적이지 않다. 물론 필요악 이론이나 이성의 간지이론이 비이성적 현실을 설명하기 위한 답으로 제기되기도 한다. 필요악 이론은 현실 속에 악이 존재하는 것은 더욱 큰 선을 위해서라는 주장이며, 이성의 간지는 욕망의 대결을 통해 더욱 높은 단계로 발전해 가는 과정이 이성의 책략이라는 것이다. 이런 논리는 지나치게 형이상학적이다. 욕망의 대결이 몰락으로 귀결되는 경우는 어떻게 설명할 것인가? 이런 점에서 정신사관은 어떤 한계를 드러낸다.

2. 유물사관: 역사는 물질적 생산력의 증대과정이다[10]

유물사관은 인류의 역사를 생산력이 증대해 온 과정으로 보고, 생산력의 증진은 필연적으로 무산자 계급을 해방시켜 평등한 사회를 초래한다고 주장한다. 인간에게 정신이나 자유가 중요하지만 구체적으로 보장되지 않은 형식적 자유는 의미가 없다. 무산자 계급에게까지 실질적 자유가 보장되어야 진정한 자유의 왕국이라고 할 수 있고, 이것은 생산력을 계속 증진시킬 수 있는 공산사회에서 가능해진다. 유물사관에서 보면 전 역사는 계급투쟁의 역사이고, 각 단계마다 착취하는 계급과 착취당하는 계급으로 나누어지며, 인류의 역사는 다섯 단계를 거치며 진보해 왔다.

이런 유물사관은 다음과 같은 연구 프로그램으로 정식화될 수 있다.

(1) 핵심 원리

① 역사의 주체는 계급이다.

② 계급은 계급투쟁을 통해 평등사회의 실현을 추구한다.

③ 역사는 다섯 단계를 거치며 발전한다.

(2) 보조 가설

① 변혁의 원동력은 생산력의 증대이다.

② 생산력의 소유관계에 따라 계급은 나누어진다.

③ 경제적 토대에 따라 비경제적 상부구조는 결정된다.

(3) 부정적 발견법

① 계급 이외의 다른 역사의 주체를 가정하지 말 것

② 평등사회 이외에 다른 역사의 목적을 상정하지 말 것.

③ 역사의 과정을 퇴보나 순환의 관점에서 보지 말 것.

(4) 긍정적 발견법

① 일체의 사회적 변화를 계급투쟁의 관점에서 해석할 것.

② 역사적 사건을 경제적 토대의 발전에 비추어 설명할 것.

③ 생산양식의 진보 수준에 맞추어 역사의 단계들을 구분할 것.

유물사관에서 보면 인간은 순수한 정신적 존재가 아니다. 우리는 먹어야 살아가는 존재다. 야만인이 자기의 욕구를 충족시키며, 생존, 생식하기 위해 자연과 더불어 싸워야 하듯이 문명인도 그래야 한다. 그런 점에서 우리는 필연의 왕국에서 산다. 그렇지만 우리는 품위 없는 노동의 조건들을 개선하여 어느 정도 자유로운 삶을 만들 수 있다.

이런 유물사관을 이해하기 위해서는 하부구조와 상부구조, 그리고 생산력과 생산관계라는 두 쌍에 대한 이해가 필요하다. 하부구조는 경제구조다. 상부구조는 경제구조를 제외한 문화의 정치, 사회 측면들이다. 상부구조는 하부구조에 의존한다. 생산력은 재화를 생산해 낼 수 있는 능력이다. 기술과 노동력이 중심이 된다. 생산관계는 생산력의 소유 관계다. 생산력을 소유하는 계급이 당대의 지배계급이다.

마르크스와 『공산당 선언』

생산력과 생산관계가 짝을 이루어 하나의 생산양식을 만든다. 마르크스의 유물사관에서 역사가 다섯 단계를 거치면서 발전한다는 주장은 결국 다섯 번에 걸친 생산양식의 변화가 있었다는 이야기가 된다. 이런 과정이 왜 필연적인 과정인가 하는 것은 생산력과 생산관계의 상호작용에 의해 설명된다.

(1) 생산력과 생산관계

생산력이란 생활에 필요한 재화를 만들어 내는 힘을 의미한다. 우리가 생존하기 위해서는 생활필수품을 확보해야 하고, 이것을 확보하기 위해서는 노동하지 않으면 안 된다. 이런 노동의 과정은 대체로 자연의 원재료를 가공하고, 변형시키는 일이다. 이때 여러 가지 도구가 필요할 것이며, 사람의 손으로 조작되어 사용되지 않으면 안 될 것이다. 이 때문에 도구뿐만 아니라 사람들의 경험, 숙련, 지식, 창의력 등도 생산력의 본질적 요소가 된다.[11]

생산관계란 생산력의 소유관계이다. 모든 사람이 생산력을 꼭 같이 소유하는 것은 아니다. 이런 저런 이유로 어떤 사람은 많은 생산력을 소유하고 있는 데 반해, 어떤 사람은 전혀 소유하지 못할 수도 있다. 그러므로 누가 이 생산력을 얼마만큼 소유하고 있으며, 생산력을 소유한 사람들과 그렇지 못한 사람이 함께 생산에 종사할 때 이들 상호 간에 이루어지는 관계란 어떤 것인가를 동시에 고려하지 않을 수 없다. 제럴드 코헨은 이를 다음과 같이 규정한다. "생산관계는 사람들에 의한 생산력의 소유관계이거나, 사람들의 소유관계이다. 혹은 그런 소유관계를 전제하는 관계이다."[12]

이렇게 해서 생산력과 생산관계라는 역사적 유물론의 핵심적 명제의 한 쌍이 등장한다. 얼핏 보기에 생산력과 생산관계는 잘 어울리는 한 쌍같이 보인다. 그렇지만 자세히 고찰해 보면 여기에는 여러 가지 난점들이 숨겨져 있다. 생산력의 외연을 어디까지로 할 것인가 하는 문제와, 생산력의 소유관계를 법률적 관계로 볼 것인가 실질적 관계로 볼 것인가 하는 문제들이 그것이다.

먼저 생산력부터 검토해 보자. 여기서 우리가 부딪히는 가장 큰 문제는 생산력의 범위를 어디까지로 한정시킬 것인가 하는 것이다. 이런 문제는 우리가 재화를 생산할 때 생산적 활동에 도움을 주지만 그것 자체가 생산력이라고 하기는 매우 어려운 여러 가지 항목들이 존재하기 때문에 발생한다고 할 수 있다. 예컨대 빌트(Andreas Wildt)가 잘 지적하고 있듯이[13] 마르크스에서는 개인의 완전한 발전을 위한 여가 시간, 아직 기술적으로 전환되지 않은 과학, 고대사회의 공동체, 내부적 교통, 교통수단, 근대 초기의 무역, 세계시장, 자본주의적 매뉴팩처 노동 조직, 공동 경제 형태들이 모두 생산력으로 표현되어 있으며, 이런 견해를 더욱 극단화시킨 칼 코르슈(Karl Korsch)는 잠재적 생산력뿐만 아니라 생산에 기여하는 모든 것들을 생산력으로 보고자 한다. "인간의 노동력의 효율(그러므로 자본주의적 생산관계 하에서는 필연적으로 착취자의 이익)을 증대시키는 모든 것은 새로운 사회적 생산력이다."[14]

그렇지만 생산력에 대한 이런 확대된 해석은 끝내는 생산력과 생산관계의 명확한 구분을 불가능하게 한다. 이런 해석에서는 생산관계 그 자체가 생산력으로 간주되기 때문이다. 이에 따라 생산력과 생산관계의 상호작용은 생산력 내부에서의 작용으로 해석되어 역사적 유물론의 전체 체계가 완전히 다르게 해석되지 않을 수 없게 된다.

제럴드 코헨이 생산력을 넓은 의미가 아니라 좁은 의미로 엄격하게 규정하지 않으면 안 된다고 강조했던 것은 바로 이런 이유였다고 할 수 있다. 엄격한 기준에서 보면, 생산력을 구성하는 여러 요소들은 정통적 해석과는 매우 다르게 분류된다. 예컨대 노동자들과 협업 양식은 정통적 해석에서는 노동력으로 분류되었지만, 코헨의 기준에서는 생산력이 아닌 것으로 되며, 정통적 해석이 배제한 과학은 생산력의 중심적 요소로 등장한다.[15]

생산관계에서도 심각한 난점이 있다. 간단히 말해서 생산관계는 생산력의 소유관계이다. 예컨대, ① X는 Y의 노예이다, ② X는 Y의 농노이다, ③ X는 Y를 고용한다 등은 모두 소유관계를 의미한다.

생산관계가 결국 생산력의 소유관계로 압축된다면, 소유관계는 법률의 문(the problem of legality)[16]라 불리는 어려운 문제를 제기한다. 인간의 소유관계는 법률적 관계의 영역에 속한다. 그렇지만 이러한 해석은 이데올로기적 상부구조와 경제적 하부구조의 구분을 불가능하게 한다. 왜냐하면 생산관계로 구성된 경제구조는 상부구조와는 다른 하부구조인데, 법률적 소유관계로 해석되는 생산관계는 동시에 상부구조의 한 부분이 되어 버리기 때문이다. 코헨은 이러한 난점을 생산관계에 대해 법률적 소유관계가 아니라 사실상의 권력의 관계라는 관점에서 해결하고자 한다.

이런 설명을 기초로 해서 볼 때, 생산력과 생산관계가 짝을 이룬다는 것은 결국 다음과 같은 이야기가 된다. 생산력 A에 가장 적합한 생산관계가 A'라고 하자. 이때 생산력 A가 B로 발달되면 그것에 맞추어 생산관계도 B'로 변화하지 않을 수 없다는 것이다.

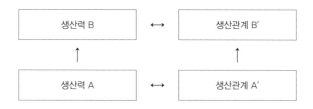

생산력과 생산관계는 짝을 이룬다.

(2) 토대와 상부구조

역사적 유물론을 구성하는 또 다른 한 쌍의 핵심적 명제는 '토대와 상부구조'이다. 마르크스는 이를 다음과 같이 규정한다.

인간 사회는 생산력과 그것과 연관된 생산관계로 구성되는 물질적 토대를 가지는데, 이것이 경제구조이다. 그리고 경제적 토대가 아닌 나머지 모든 것은 상부구조를 이룬다.[17]

이에 근거해서 생산력과 생산관계가 함께 토대를 이루며, 정치, 법률, 과학, 철학, 종교, 예술을 비롯한 온갖 이데올로기와 비경제적 제도들은 상부구조를 형성한다는 정통적 해석이 성립되었다.[18]

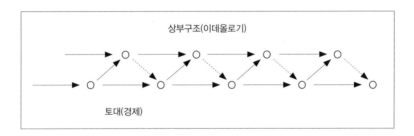

토대와 상부구조

정통적 해석은 토대의 역할에 중점을 두기 때문에 상부구조의 기능을 무시하려고 한다. 말하자면 상부구조는 심리철학의 부수현상주의 같이 실체에 따라 나타나는 그림자와 같은 것으로 취급하려 한다. 그림자는 아무런 역할도 하지 못한다. 그렇지만 이런 해석은 러시아 혁명을 비롯한 여러 혁명들이 마르크스주의 이념에 따라 발생했다는 역사적 사실을 설명하지 못한다. 그것은 마르크스주의 자체의 영향력을 부정한다는 점에서 자기 모순적이기도 하다. 또한 정통적 해석은 상부구조 중에는 토대와는 상관없는 부분도 있다는 사실을 설명해 주지 못한다.

이런 문제 때문에 상부구조에 어떤 기능을 부여하면서, 토대와 상부구조를 새롭게 규정하려는 시도들이 등장한다. 분석 마르크스주의자인 제럴드 코헨이 이런 시도의 대표적인 경우이다. 우선 코헨은 상부구조의 범위를 축소시키려고 한다. 즉 모든 비경제적인 제도들을 상부구조로 보지 않고, 그 성격이 경제구조의 본성에 의해서 설명되는 비경제적인 제도들만을 상부구조로 보고자 한다. "온갖 비경제적 현상들 모두가 상부구조인 것이 아니라, 그 현상의 기능이 경제와 지배계급에 질서를 부여하거나 안정을 유지시키기 때문에 상부구조인 것이다."[19] 이렇게 되면 정통적 해석에서는 상부구조에 포함되었던 과학은 이제 더 이상 상부구조의 일부분이 아니게 된다.

토대가 상부구조의 성격을 규정한다는 것은 유물론의 기본이다. 문제는 상부구조의 기능을 어떻게 설명할 것이냐이다. 정통적 유물론은 상부구조의 기능을 제대로 설명하지 못한다. 상부구조에 어떤 기능을 부여하려면 코헨식으로 상부구조와 하부구조를 축소해서 이들의 관계를 기능적으로 설명하는 길뿐이다. 말하자면 유물사관에서 상부구조의 기능은 무엇인가 하고 물었을 때, 상부구조는 토대를 안정적으로 존속시키는 기능을 수행한다는 것이다. 어떤 마르크스주의자는 상부구조의 기능을 이보다 더 확대하여 토대의 변형이나 창조까지 주장하는 경우도 있지만, 이런 해석은 유물사관의 기본 틀을 파괴하게 된다.

(3) 역사의 법칙적 해석

역사적 유물론의 해석에서 우리가 대답해야 하는 마지막 질문은 궁극적으로 역사를 추진시키는 원동력이란 무엇인가 하는 것이다. 어떤 힘이 역사를 이끌어 가는가? 전통적으로는 계급투쟁을 일차적 원동력으로 해석해 왔지만, 이에 맞서는 생산력 우위론이 보다 강력한 설득력을 얻고 있다. 이에 대한 해답도 결국 생산력과 생산관계, 토대와 상부구조라는 틀 속에서 찾을 수밖에 없다.

생산력과 생산관계 간에 벌어지는 여러 가지 상호작용은 마르크스의 『정치경제학비판』 서문에 가장 잘 나타나 있다. 그러므로 누군가가 생산력과 생산관계 상호 간의 관계를 논의하고자 한다면, 아마도 이 서문을 언급하지 않을 수 없을 것이다. 이 서문이 수없이 인용되고 분석되어 온 것은 이 때문이다.

그들이 영위하는 사회적 생산관계에서 사람들은 불가피하게 그들 자신의 의지와는 독립된 어떤 관계 속에 편입된다. 즉 그들은 **물질적 생산력의 어떤 발전 단계에 상응하는** 생산관계 속에 들어간다. 이러한 생산관계의 총체가 사회의 경제적 구조를 형성하며, 이 실질적 토대 위에 법률적, 정치적 상부구조가 세워지고 그리고 이 **토대에 상응하는** 일정한 사회의식의 형태가 나타난다.[20]

정통적 해석은 생산력과 생산관계를 변증법적 상호작용의 관계로서 이해하고자 한다. 토대와 상부구조의 관계에서도 사정은 마찬가지다. 말하자면 작용의 방향은 쌍방 모두에서 진행되고 있는 것이다. 그렇지만 이러한 해석에서는 상부구조에 대한 토대의 우위를 논증하기 어렵다는 난점에 빠진다. 양쪽 모두가 상대방에 상응한다(혹은 영향을 미친다)고 하면서, 어느 한쪽이 다른 쪽보다 더 큰 중요성을 갖고 있다고 하는 것은 유지되기 어려운 주장이기 때문이다.

코헨이 잘 지적하였듯이, 위의 인용문에서 '상응한다'는 동사의 쌍방향적, 대칭적 해석을 하는 것은 잘못이다. 이러한 해석은 두 번째 구절의 '상응한다'는 동사를 제대로 설명할 수가 없기 때문이다. 말하자면 사회적 의식의 형태와 경제적 구조가 서로 대칭적으로 상응한다는 것은 토대가 상부구조를 결정한다는 유물사관의 기본 원리와 전혀 맞지 않기 때문이다. 그러므로 '상응한다'는 동사는 두 경우 모두 일방향적, 비대칭적으로 해석되지 않으면 안 된다. 말하자면 인과적 영향력은 한쪽에서 다른 한쪽으로만, 즉 생산력에서 생산관계로만 흐르는 것으로 이해되어야 한다. 이런 해석에서 보면 생산력이 역사의 원동력이 된다.

생산력과 생산관계가 짝을 이루어 하나의 생산양식을 만든다. 마르크스의 유물사관에서 역사가 다섯 단계를 거치면서 발전한다는 주장은 결국 다섯 번에 걸친 생산양식의 변화가 있었다는 이야기가 된다. 이런 과정이 왜 필연적인 과정인가 하는 것은 생산력과 생산관계의 상호작용에 의해 설명되었다. 이것은 전형적인 경제적 역사 법칙주의이다.

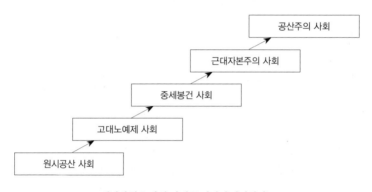

생산양식은 다섯 단계를 거치며 발달한다.

　유물사관은 자본주의 체제의 노동운동에 힘과 영감을 불러일으킨 사관이다. 역사의 목적이 계급 없는 평등사회의 건설에 있고, 계급투쟁을 통해 이를 실현시킬 수 있다면, 왜 노동자계급이 혁명투쟁에 나서지 않고 착취당하며 살아야 한단 말인가? 이렇게 해서 유물사관은 혁명운동의 필수불가결의 무기가 되었다. 또한 유물사관은 인류사를 사회사, 경제사를 중심으로 보도록 자극했다. 많은 사람들이 유물사관에 공감하면서 이를 변형, 발전시키려고 했다. 독일의 비판이론가들이나 프랑스 애날학파도 이런 흐름에 속한다.

물질적 토대를 중심으로 사회생활을 설명하려는 점에서, 유물사관은 대단한 설득력을 갖는다. 그렇지만 유물사관은 서구 중심적 역사관으로 지나치게 도식적이어서 아시아의 역사현실에는 잘 맞지 않으며, 러시아 공산사회의 붕괴와 함께 설명력을 거의 상실했다. 지금도 이런 사관에 매달리는 태도는 학문적 자세라기보다는 역사를 정치투쟁의 도구로 이용하는 자세일 뿐이다.

많은 사람들이 지적하고 있는 유물사관의 또 다른 난점은 계급이나 계급 투쟁의 개념이 너무나 부적절하며, 후기 자본주의 사회의 급격하게 증가한 여러 형태의 임금 노동자 ─예컨대 군대, 교육, 연구, 행정, 보건 등에 종사하는 공무원들이나 공공부문의 임금노동자들─ 에게는 적용되지 않는다는 것이다.

유물사관이 민족과 국경을 넘어 보편적 이해관계를 함께하는 계급을 역사의 주체로 상정하고, 역사를 그런 계급들의 투쟁의 역사라고 규정한 것은 명백한 오류다. 그리고 유물사관이 생산력과 생산관계만 중요시 할 뿐, 원자재를 비롯한 자연적 조건은 크게 중요시하지 않았다는 점도 비판의 대상이 된다.

더 나아가 유물사관의 가장 치명적인 난점은 역사를 결정론적으로 해석하는 것이다. 역사의 코스가 이런저런 이유로 미리 결정되어 있다는 주장을 역사법칙주의라고 부르기도 한다. 미래의 역사과정이 결정되어 있다고 할 때, 이 길은 ① 우리에게 이로운 길이나 우리가 추구해야 마땅한 길일 수도 있고, ② 우리에게는 손해가 되는 길이나 우리를 파멸시킬 길일 수도 있을 것이다. 우리를 파멸시킬 길을 갈 수밖에 없다면 우리는 역사의 노예에 불과할 것이다. 반면에 우리가 추구해야 마땅한 길을 간다고 해도, 우리 자신의 능력이 아니라 다른 누군가의 힘에 의해 이끌려 간다면, 역시 우리는 꼭두각시나 좀비에 불과할 것이다. 우리가 이미 마련된 길이 아니라 스스로 길을 내면서 나아갈 때만, 우리는 역사의 진정한 창조자가 된다. 이러한 논리는 한 개인의 삶의 여정에도 그대로 적용될 것이다. 어떤 형태의 역사 결정론도 자율적, 주체적 인간관과 양립하기 어렵다.

3. 사관의 진위와 우열은 설명력에 의해 결정된다[21]

나는 역사관을 라카토슈의 과학적 연구 프로그램으로 설명했기 때문에, 역사관의 우열을 비교하는 일은 결국 과학적 연구 프로그램의 우열을 비교하는 일과 같은 것이 된다.

한 연구 프로그램과 다른 연구 프로그램의 우열을 비교하는 것은 어떻게 가능한가? 라카토슈의 설명에 따르면, 전진적 연구 프로그램은 새로운 현상을 발견해 낼 수 있는 반면, 퇴행적 연구 프로그램은 그렇게 하지 못한다. 그러므로 당연히 전진적 연구 프로그램은 퇴행적 연구 프로그램보다 우월하다.

연구 프로그램들 간의 이런 비교는 세련된 반증주의자들이 이론

상호간의 우열을 설명력에 의해 비교할 때와 크게 다르지 않다고 할 수 있다. 세련된 반증주의자에게는 어떤 과학이론 T는 다른 이론 T′가 다음과 같은 특징들로 제안될 때만 반증된다. 라카토슈는 이를 다음과 같이 정리한다.[22] ① T′는 T보다 더 많은 경험적 내용을 갖는다. 다시 말해 T′는 예상 밖의 사실들(즉, T에 비추어 볼 때 일어날 가능성이 없는 사실들이나 혹은 심지어 T에 의해서 거절된 사실들조차도)을 예측한다. ② T′는 T의 이전의 성공을 설명한다. 즉 T의 내용 중 반박되지 않은 모든 내용이 (관찰적 오차의 한계 내에서) T′의 내용 속에 포함되어 있다. ③ T′의 여분의 내용 중 일부가 입증된 것이다.

같은 기준이 역사관에도 적용된다고 할 수 있다. 말하자면 다음과 같은 경우 역사관 2는 역사관 1보다 우수하다고 할 수 있다.

1) 역사관 2가 갖는 경험내용은 역사관 1이 갖는 경험내용량을 초과한다.
2) 역사관 2는 역사관 1이 설명하는 모든 경험적 내용을 설명한다.
3) 역사관 2의 초과 내용 중 얼마가 입증된다.

이것은 다음과 같이 설명될 수도 있다. 역사관 1은 많은 역사적 자료들과 모순되는 데 반해 역사관 2는 그렇지 않다면, 역사관 2가 더욱 우수하다고 해야 할 것이다. 또한 역사관 1은 역사적 자료와 모순되지 않기 위해서 항상 보조 가설들을 사용하는 데 반해, 역사관 2는 보조 가설들 없이도 역사적 자료를 설명할 수 있다면, 역사관 2가 더욱 우수한 것으로 평가될 것이다. 그리고 역사관 2는 역사관1보다 더욱 많은 역사적 사실들을 연관 짓고 역사세계 전체를 더욱 잘 설명한다면, 역사관 2는 더욱 진리에 가깝다고 할 수 있다.

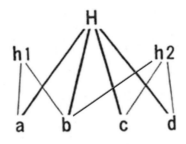

역사관 H는 지금까지 별개의 현상으로 간주되었던 것들을 통일함으로써
역사관 h1과 역사관 h2를 대체한다.

사관의 우열에 관한 논의는 지금 당장 하나의 절대적인 역사관을 결정적으로 확립하려는 시도를 의미하지는 않는다. 이러한 태도는 이미 비판한 본질주의적 역사관으로 되돌아가는 것이다. 이런 논의는 오히려 역사관의 번성을 함축하는 것이다. 수많은 역사관이 제시될 수 있다. 특히 모든 시대, 모든 세대는 자신들의 당면한 실천적 문제와 연관해서 새로운 역사관들을 제시할 수 있다. 그렇지만 보다 중요한 것은 역사관 상호 간의 우열을 비교하는 논의는 언제나 가능하다는 점이다. 이렇게 해서 우리는 역사의 명백한 날조나 주관적 편견, 독단적 이데올로기를 함축한 역사관들을 합리적으로 거부할 수 있게 된다.

지금까지의 논의를 종합하면 결국 역사관의 우열은 전진적 프로그램인가 아니면 퇴행적 프로그램인가에 따라 결정된다. 그렇다면 정신사관, 유물사관에 대한 평가는 어떻게 내려야 할 것인가?

지금까지의 논의에서 보면, 정통적 유물사관 그 자체는 퇴행적 연구 프로그램으로 평가된다. 왜냐하면 그것은 아시아적 생산양식에는 잘 적용되지 않을 뿐만 아니라, 특히 20세기 후반에 전개된 역사적 과정을 제대로 설명해 주지 못하기 때문이다. 그렇지만 이 프로그램을 모태로 활용한 여러 수정된 프로그램들, 예컨대 프랑크푸르트학파의 비판이론의 역사관이나 아날학파의 사회경제사관 등은 전진적 연구 프로그램으로 볼 수 있을 것이다. 물론, 유물사관의 이런 새로운 변형들이 사관의 지위로까지 승격될 수 있을지는 논의의 대상이 될 수 있다.

정신사관도 새로운 형태의 변형을 모색하고 있다. 문화사관이나 문명사관이 그 예들이다. 문화사관은 인류의 역사를 문화의 발전사로 보는 것이며, 문명사관은 여러 문명들의 흥망성쇠를 역사의 과정으로 보는 것이다. 물론 어떤 분야사가 곧바로 사관과 직결되는 것은 아니다. 문화사는 문화영역을 다루는 분야사며, 문화사관은 문화 분야를 역사의 중심 분야로 보고 다른 분야들을 이 분야와의 연관성 속에서 설명하려 할 때 나타난다고 할 수 있다.

민족사관은 근대 민족국가출현 이후의 역사 설명에는 유용하지만, 민족국가의 성립 이전의 세계나 국제 연합 같은 기구가 출현하고 하나의 지구촌으로 얽혀서 전개되는 세계사를 설명하기에는 역부족인 사관이라 해야 할 것이다. 이것 역시 퇴행적 연구 프로그램으로 전락하지 않으려면, 연구 프로그램의 수정이 불가피하다.

　사관의 설명력을 비교할 때 우리는 다음과 같은 지침들을 사용할 수 있다.

1) 사관의 갈등을 이념의 대결이 아닌 이론의 대결로 최대한 환원한다.

2) 어떤 사관이든 절대적 진리가 아니라 가설임을 인정한다.

3) 사관을 비판 가능한 형태로 재정식화한다.

4) 사관을 바꾸어 봄으로써 자신의 사관이 갖는 한계와 다른 사관의 장점을 이해한다.

5) 사관을 상호 비교함으로써 보다 설명력이 큰 사관을 선택하거나 사관을 종합해서 사용한다.

제 3 부

—

문명사의 관점에서 본 세계화:

왜 일방적 지배나 공존이 아니고 융합인가

세계화의 가장 큰 특징은 여러 문명 간의 지속적인 만남과 교류라 할 수 있다. 과거에도 문명 간의 만남은 있었다. 그렇지만 그것은 간헐적이었고, 인접 문명 간의 제한적인 만남이었다. 반면에 세계화시대의 문명들의 만남은 모든 문명들이 동시에 부딪치는 피할 수 없는 전면적인 교류이다.

이런 만남을 어떻게 규정하느냐에 따라 세계화를 보는 시각은 달라진다. 어떤 사람은 세계화를 강한 힘을 가진 문명이 약한 문명을 패퇴시키고, 통합 흡수하는 과정으로 이해한다. 어떤 사람은 세계화를 문명들의 표면 구조에서만 통합되는 과정으로 이해한다. 이들은 문명의 심층 구조에서는 여전히 공존체제가 계속된다고 보기 때문이다.

나는 세계화를 설명하는 새로운 패러다임으로 문명의 융합을 제시하려고 한다. 세계가 정보통신혁명에 의해 하나의 지구촌이 되었고, 인터넷을 통해 문화 유전자들이 급속도로 뒤섞이고 있는 것이 그 근거이다. 문명사의 관점에서 볼 때 문화 유전자들의 교류가 이렇게 빠른 속도로 진행된 적은 일찍이 없었다.

융합은 필연적으로 새로운 창조의 가능성을 함축한다. 21세기 인류가 안정적인 생존과 지속 가능한 번영을 누리기 위해서는 열린 문명을 창조해야 할 상황에 놓여 있다.

7장. 세계화는 돌이킬 수 없는 역사적 추세다

우리는 지금 불과 20여 년 전 1990년대에 시작된 정보혁명의 와 중에 있다. 정보혁명은 인류가 겪는 세 번째 혁명이다. 첫 번째는 농업혁명이었다. 대략 일만여 년 전에 이루어진 농업혁명에서부터 토지 경작과 인류의 정착이 시작되었다. 두 번째는 200여 년 전쯤 일어난 산업혁명이다. 1765년 제임스 와트의 증기기관 발명과 더 불어 시작된 산업혁명으로 인해 농경 사회는 산업 사회로 이행하 기 시작했던 것이다. 정보혁명은 정보 기술의 발달에 의해 시작된 혁명이다. 이에 따라 산업 사회는 현재 정보 사회로 전환되고 있다. 그리고 정보사회와 더불어 세계는 과거에 한번도 경험하지 못한 하 나의 공동체로 되고 있다.

1. 정보혁명에 의해 하나의 지구촌이 되었다

넓은 의미에서 정보 사회는 사람들의 주요 활동이 정보 기술에 기반해서 이루어지는 사회라고 할 수 있다. 이때 정보는 전통적인 의미론적 관점에서 관찰이나 측정을 통해 얻은 실용적 자료나 지식 으로 규정되기도 하고, 의미와는 관계없는 관점에서 비트(bits)로 측 정되는 디지털 전파의 흐름으로 규정되기도 한다. 우리가 정보를 어떻게 규정하든지, 정보 기술은 반도체로 대표되는 소자기술, 컴 퓨터로 대표되는 정보처리 기술, 위성 통신과 광통신으로 대표되는 통신 기술의 복합체라고 할 수 있다. 정보 기술의 발달은 1차적으로 극소 전자 혁명(Micro-electronics Revolution)이라 불리는 반도체 기술에 힘입어 정보의 저장과 처리능력을 획기적으로 향상시켰다. 여기에 통신기술이 덧붙여져, 정보 기술은 종합적으로 정보의 저장, 처리 및 송수신 기술을 의미하기에 이르렀다.

이런 정보 기술을 기반으로 운영되는 사회가 정보 사회이다. 정보 기술은 사람들의 삶에 상상하기 어려운 혁명적 변화와 영향력을 행사하고 있다. 정보 기술이 초래한 변화 중 가장 먼저 눈에 띄는 변화는 시공의 축소 현상이라 할 수 있다. 연결망 사회의 도래와 더불어 시간과 공간의 의미는 크게 변화하고 있다. 말하자면 먼 거리가 가까워지고 먼 과거가 극적으로 감소하여 바로 눈앞에 나타나게 된 것이다. 지구촌의 뉴스를 시시각각으로 듣는 것은 말할 것도 없고, 누구든 자신의 컴퓨터 앞에서 지구 반대편에 있는 대학의 도서

지구적 연결망

관에 연결하여 자료를 검색할 수 있고, 몇천 년 된 자료들도 검색할 수 있다. 그 결과 세계는 실질적인 지구촌(Global Village)이 되어 가고 있다.

1998년 전 세계 인터넷 사용자 수는 약 1억 4천만 명이었지만, 2007년에는 10억 명이 넘었으며, 2016년에는 세계 인구의 절반인 33억 명이 되었다. 인터넷 강국인 한국의 인터넷 사용자 수는 2016년 4천 600만 명(모바일 포함)으로 인구의 90%에 해당한다.

지구촌은 사람들의 의식에도 변화를 가져왔다. 앤서니 기든스는 두 가지를 지적한다.[01] 첫째, 사람들이 점차 지구촌 공동체의 구성원으로서 사회적 책임이 국경에서 멈추지 않고 국경을 초월한다는 것을 인식하며, 둘째, 사람들은 자신들의 정체감을 형성하는 과정에서 민족국가 이외에서도 그 근거를 찾으려고 한다. 이런 의식의 변화는 세계화의 산물이지만, 동시에 세계화를 촉진시키는 새로운 동인이기도 하다. 앤서니 기든스는 세계화의 요인으로 정보통신혁명 외에 경제적인 요인들과 정치적 변화를 든다. 초국적 기업들은 21세기에 들어서면서 세계 무역의 3분의 2를 차지하고, 새로운 기술을 세계로 확산시키고, 국제 금융시장의 주요 행위자라는 것이 그 이유이다. 정치적 측면에서는 1991년 소비에트식 공산주의의 몰락과 국제적, 지역적 정부 기제의 성장 및 정부 간 기구(International Governmental Organizations, IGOs)의 급속한 확대가 세계화를 촉진시킨 요인이라는 것이다.[02]

경제적 요인과 정치적 변화가 세계화의 요인이라는 주장은 틀렸다고 하기는 어렵겠지만, 정보 통신혁명과 같은 차원에서 논의하는 것은 문제가 있을 것으로 생각된다. 초국적 기업들의 급속한 성장과 정부 간 기구 내지 국제 비정부 간 기구의 확산은 정보혁명에 결정적으로 힘입고 있기 때문이다.

정보혁명에 기반한 정보 사회는 중요한 면에서 기존의 산업 사회와는 질적으로 다른 측면들을 갖는다고 할 수 있다. 그중에서도 특히 두드러진 정보 사회의 특징으로 우리는 다음과 같은 것들을 들 수 있다. 첫째로, 하나의 지구촌 개념이 실질적으로 현실화되었다. 둘째로, 정보 기술 혁명에 의해 과학과 기술의 진보가 더욱 촉진됨으로써 과학 기술 문명은 더욱 지배적이게 되었다. 특히 분자 생물학과 생명공학의 발달에 의해 새로운 창세기의 시대가 시작되고 있다. 셋째로, 정보나 지식이 경제적 부의 원천이 됨으로써 지식이나 정보의 소유자가 지배 계급으로 등장하게 되었다. 넷째로, 정보의 확산에 의해 정부가 갖고 있던 권력이 민간 부문으로 크게 이양되는 권력의 재편 현상이 일어난다.

여기서 우리의 주제와 직접적으로 연관되는 것은 첫 번째 특징, 즉 제2의 근대화라고도 불리는 지구촌 현상이다. 지구촌이라는 개념은 마셜 맥루헌이 그의 『미디어의 이해』[03]에서 처음으로 사용한 개념이다. 맥루헌은 현대의 여러 미디어들, 특히 전자미디어(전기, 전화)에 의해 세계는 하나가 되어 가고 있다고 주장했다.

지구촌이 의미하는 것은 무엇인가? 인류가 한동네 사람이 되었다는 것이다. 한동네에 산다는 것은 서로가 잘 알게 되었다는 의미일 뿐 아니라 생각을 서로 나누고 의견의 일치를 보면서 동네를 가꾸는 일을 함께 할 수밖에 없다는 의미이다. 이런 일은 서로 멀리 떨어져 너는 너대로 나는 나대로 사는 삶의 방식과는 매우 다른 태도와 규범을 요구하는 일이기도 하다.

2. 세계화는 문명의 전면적인 융합이다

세계화는 국가 간 지역 간의 장벽이 거의 사라지거나 최소한으로 낮아지는 한동네 현상을 가리킨다. 질병의 즉각적인 세계적 전파가 세계화 시대를 단적으로 상징한다. 우리 모두는 이제 지구촌의 주민이거나 우주선 지구호의 탑승자들이다. 이런 세계화 현상에 대해 다음과 같은 두 가지 질문이 제기되어 왔다. 하나는 '세계화'라고 부르는 현상이 과거와 완전히 다른 양상인가 아닌가 하는 것이고, 다른 하나는 이런 세계화를 경제적 영역에 국한해서 논의할 것인지 아니면 경제를 포함한 문화의 영역까지 확대하여 적용할 수 있는가 하는 문제이다.

이런 질문에 대한 대답들은 여전히 일치하지 않고 다양하다. 세계화를 둘러싸고 지금도 논쟁은 계속되고 있다. 논의의 편의상 세계화 논쟁에 참여한 사람들을 극단회의론자(Ultra-sceptical Thesis), 극단세계화론자(Hyper-globalist Thesis), 변형론자(Transformational Thesis)로

나누기도 한다.[04]

극단회의론자들은 현대 경제체제를 진정한 세계경제라고 말할 정도로는 통합되지 않았다고 보며, 무역 블록의 등장과 같은 지역화의 성장에 초점을 맞추어 단일한 세계경제라는 개념을 부정한다. 극단세계화론자들은 이와 정반대의 견해를 취한다. 이들은 국경을 초월하는 무역과 생산의 흐름이 새로운 지구적 질서를 만들고 있으며, 동시에 개별 국가들이 세계 무역기구(World Trade Organization)와 같은 국제적 조직 때문에 더 이상 국가 경제를 완전히 통제할 수 없다고 주장한다.

변형론자들은 극단회의론자와 극단세계화론자 사이에서 역사적으로 전례가 없는 수준의 세계적 상호 연관성을 인정하면서도, 과거의 많은 구조적 유형들이 여전히 유지되고 있다고 주장한다.

두 번째 질문에 대해서도 견해들은 갈라져 있다. 임현진 교수는 『세계화와 반세계화』[05]에서 세계화의 동인과 기제를 보는 네 가지 견해를 논의하고 있다. 세계 체제론, 지구 문화론, 세계 사회론, 지구 자본주의론이 그것이다. 앞에서 제기한 질문의 관점에서 본다면, 세계 체제론과 지구 자본주의론은 경제 영역을 중심으로 해서 세계화를 주장하는 견해인 반면에, 지구 문화론과 세계 사회론은 문화와 사회 영역으로까지 확대하여 세계화를 주장하는 견해라고 할 수 있다.

세계 체제론은 이매뉴얼 월러스틴이 일찍부터 주장해 온 이론으로, 자본주의 세계 경제를 하나의 단일한 세계 체제라고 주장하는 견해이다. 세계 체제론에 의하면 세계화란 세계 2차 대전 후 미국 헤게모니가 쇠퇴해지면서 자본주의 중심국들 간에 벌어지는 치열한 경쟁을 의미한다.

이매뉴얼 월러스틴은 그의 『근대 세계체제』[06]에서 근대 세계체제는 16세기경에 발생한 후 19세기 초반부터는 전 지구 위에 하나의 자본주의 세계체제로 확대되어 왔다고 주장한다. 그의 세계체제론은 개별 국가 발전론과는 대립되는 개념으로, 사회 변동의 이론적 분석 단위를 국민국가가 아니라 하나의 전체로서의 세계체제로 보는 이론이다. 월러스틴은 세계 체제를 중심부와 반주변부, 그리고 주변부라는 틀로써 설명한다. 예컨대 근대 세계체제가 탄생할 당시의 중심부는 북서 유럽이며, 스페인과 포르투갈의 남부 유럽이 반주변부로, 그리고 동유럽과 남미가 주변부로 편성되었다. 물론 세계 체제가 확대되어 감에 따라 중심부와 반주변부, 주변부는 이동한다.

칼 마르크스도 근대 자본주의가 시작되면서 세계화가 시작된 것으로 보는데, 그 시기는 월러스틴과 비슷하다. 반면에 기든스는 18세기 근대화가 시작되면서 세계체제가 출발하는 것으로 보고 있다. 이러한 근대 세계 체제론은 인터넷을 통한 전자 상거래가 일상화됨으로써, 다시 말해 경제적으로는 국경이 어떤 제약 조건으로서의 의미를 상실한 하나의 실질적인 세계 시장이 형성됨으로써 완전히 현실화되었다고 할 수 있다.

우리가 세계시장체제에 편입되어 있는 것은 의문의 여지가 없다. 우리는 1995년 탄생한 세계무역기구(WTO)의 회원국(2013년 기준 159개 국가 가입)이며, 세계의 여러 나라들과 자유무역협정(FTA-2015년 1월 기준 발효 49개국, 타결 4개국, 협상 중 19개국)을 맺고 있다.

지구 자본주의론은 세계화를 국민국가의 자율성이 축소되어 자본의 초국화가 진행되면서 수반하는 구조적 변화라고 규정한다. 스클래어는 세계화의 특징으로서 '초국가적 실천'(Transnational Practices)의 개념을 제시한다.[07] 이것은 초국가적 기업, 초국가적 자본가 계급, 소비주의 이데올로기로 특성화되는데, 이 중에서도 초국가적 자본가 계급이 가장 중요하다. 말하자면, 세계화란 어떤 국민 국가 내부의 자본가 계급이 아니라, 국민 국가를 넘어서 자본가 계급이 자신의 이해관계를 추구하는 기획이라는 것이다.

지구 문화론은 세계화를 국민 국가를 넘어서는 초국가적 문화의 등장으로 본다. 그리고 이런 초국가적 문화가 어떻게 등장하게 되었는가 하는 질문에는, 초국가적 기업의 활동과 매스 미디어의 전 지구적 확산, 정부 간 기구 및 비정부 간 기구의 전 지구적 확장 때문이라고 본다. 그렇지만 이런 문화적 흐름은 동질성과 무질서를 함께 초래한다고 주장한다.

세계 사회론은 세계화를 보편적인 세계 문화를 기초로 하여 국민 국가들의 동형화 과정으로 해석한다. 이것은 세계 체제의 동질성이 아니라, 동형화에 주목하여 국민 국가들은 가치관이 서로 다르다고 할지라도 헌법, 대중 교육 체계, 경제 정책, 인권의 향상, 보편적 복지 체계 등에서 거의 동일한 모습으로 존재하게 된다는 것이다.[08]

문명사의 관점에서 보면, 세계화는 일단 새로운 현상으로 보인다. 물론 그 뿌리는 월러스틴이 주장한 것처럼 16세기 자본주의 경제 체제의 탄생으로까지 거슬러 올라갈 수 있다 할지라도, 전 지구를 하나의 지구촌으로 만든 것은 정보통신 혁명이란 3차 혁명이 없었다면 불가능했을 것으로 판단되기 때문이다. 회의론자들이나 변형론자들은 정보통신 혁명이라는 역사적 계기가 지닌 의미를 충분히 이해하지 못한 것으로 생각된다.

또한 세계화는 경제적인 현상에 국한된 것이 아니다. 물론 경제적인 측면에서 그 시작의 뿌리를 찾을 수 있다 할지라도, 현재는 경제적 영역을 넘어섰기 때문이다. 아파두라이(A. Appadurai)는 세계화를 민족 경관(Ethno-scape), 미디어 경관(Media-scape), 테크노 경관(Techno-scape), 파이낸스 경관(Finance-scape), 이데오 경관(Ideo-scape)이라는 5갈래 흐름이 만들어 내는 선접적인 관계로 파악한다.[09] 민족 경관이란 국민 국가의 경계를 넘어 이동하는 사람들이 만드는 지형이며, 미디어 경관은 대중 매체가 만들어 내는 전지구적 지형이다. 그리고 테크노 경관이란 기술의 전지구적 이동과 재배치를 통해 만들어지는 지형이며, 파이낸스 경관이란 전지구적으로 이동하는 자본이 만들어 내는 지형이고, 이데오 경관은 사상이나 지식,

법 등이 만들어 내는 전지구적 지형을 의미한다. 다시 말해 이런 관점은 사람, 대중 매체, 기술, 자본, 이데올로기가 서로 뒤섞이면서 세계화를 형성한다고 보는 것이다. 이것은 세계화란 단순한 세계 경제적 단일 시장의 형성이 아니라, 문명의 전면적인 교류라는 것을 의미한다.

3. 서구 문명의 전폭적 수용이냐, 전통 문명의 부활이냐?

서세동점의 시대 서구 문명이 동아시아에 상륙했을 때, 동아시아인들에게 문명은 바로 물리적인 힘 자체였고, 문명의 존재여부는 죽느냐 사느냐의 문제였다. 문명은 고상한 도덕이나 도시인의 세련된 태도가 아니라, 문명의 성취는 국가가 살아남기 위한 절체절명의 과제였다.

서구 문명은 철선과 대포를 앞세워 불가항력적인 폭풍처럼 불어닥쳤다. 그것은 전통 문명을 지키려는 동아시아인들에게는 힘으로 맞서야 할 폭력이었고, 이런 폭력에 대항하는 유일한 방책은 자신들도 힘을 기르는 길뿐이었다. 그러나 그 길은 저 폭력적인 오랑캐에게 배우는 길밖에 없었다. 말하자면 오랑캐에게 배워 오랑캐를 물리치는 것만이 유일한 길이었다. 이제 오랑캐로서 오랑캐를 제어하는 전통적 책략은 통하지 않았다. 당시 여러 신문들의 핵심적인 단어가 문명개화, 자주독립, 부국강병이었다.

왜 아시아와 유럽주의 부강 성쇠가 이다지 심한 것인가. ―아시아는 인물이 위대하고 문명이 성했으며 재산이 풍부하기가 더할 나위 없이 성했다. 그런데 근고(近古) 이래로 점차 쇠퇴하기 시작해서 만회하지 못한 지가 오래이다. ―금일 유럽주는 부강하고 아시아주는 이처럼 쇠약하게 되어서 영국은 인도를 점거하고, 미얀마를 침략하고, 홍콩을 점령하고, 아부한(阿富汗, 아프카니스탄)을 토벌하고, 이란을 엿보고 있으며, 포르투갈은 마카오(瑪港)를 차지하고, 스페인은 루손(呂宋)을 빼앗고, 네덜란드는 자바(瓜哇)를 침략했으며, 프랑스는 월남을 쳐 인도지나(印度支那) 지방을 항복받았으며, 러시아는 이리(伊犂, 중국의 지명 일리)를 넘보고 몽골(蒙古)에 침을 흘려 빼앗기에 싫증을 느끼지 않고 있다. ― 어찌 슬픈 일이 아니겠는가.[10]

1894년 수천 년간 동아시아의 패자로 군림해 온 중국이 서구 문명을 배운 작은 섬나라 오랑캐 일본에게 패배한 청일전쟁은 당시의 동아시아인들에게 도저히 믿기 어려운 하늘이 뒤집히는 엄청난 충격이었고 문명의 힘이 얼마나 무서운지를 실감케 한 계기가 되었다. 러일 전쟁도 비슷한 영향을 미쳤다.

서구 문명에 대한 대응은 여러 가지 방식으로 나타났다. 처음에는 오랑캐를 격퇴하는 전략을 쓰기도 하고(위정척사파), 다음에는 정체성은 유지하면서 과학기술만은 배워 힘을 기르자는 전략을 쓰기도 했지만(동도서기의 온건 개화파), 종래는 문명인과 오랑캐의 위치가 완전히 뒤바뀌는 세상을 인정하고 서구 문명을 문명의 표준으로서 인정하는 상황에 이른다(급진개화파). 이것은 문명의 충돌과정 어디에서나 볼 수 있는 보편적인 현상이기도 하다. 도식은 대체로 간단하다. 전통 문명과 다른 이질문명을 완전히 배격하거나 아니면 완전히 수용하거나 하는 양 극단의 길과 그 중간에서 적절하게 타협을 하는 길로 나누어진다. 힘의 격차가 극심할 경우 배격파는 성공하기 어려우며, 타협파의 시도도 통상 힘을 발휘하기 쉽지 않다.

덕수궁 석조전은 영국인 하딩이 설계한 3층 석조 건물인데, 1900년에 시작하여 1910년 완공 당시 서양식 건물 가운데서 가장 규모가 큰 것이었다. 이런 서양식 건물로 덕수궁의 일부를 건축했다는 것은 서구 문명을 수용하겠다는 의지의 표현으로 읽힌다.

산업혁명

프랑스혁명

　1961년 우리가 단기(檀紀)를 버리고 서기(西紀)를 쓰기로 결정한
것은 서구 문명에 전적으로 편입되겠다는 의지를 강력하게 나타내
는 상징적인 사건이었다. 역사적인 맥락에서 보면 60년대 이후의
근대화는 구한말 급진개화파 노선의 다른 버전이라 할 수 있다. 그
후 전개된 근대화의 두 축인 산업화와 민주화는 실질적으로는 서구
화 이외의 다른 것이라 하기 어렵다. 서구 문명이 비서구 다른 지역
에서와 마찬가지로 우리에게도 문명의 보편적 표준으로서 작용한
것이다.
　문명과 야만이 갈라지는 과정을 보면, 모든 문명은 자신을 중심
으로 하고 야만들이 자신을 둘러싸고 있다고 생각한다. 처음 출발
단계에서는 종족과 언어가 중요한 기준이 된다. 그리스인들은 자신
의 말과 다른 말을 사용하여 잘 이해할 수 없는 종족들을 barbaria라

고 불렀는데, 이것은 그리스어를 정확하게 사용하며 그리스적인 교양을 의미하는 hellenismos와 대립되는 말이다. 야만이라는 영어의 barbarism은 여기서 온 것이다.

중국의 중화주의도 황하 유역을 세계의 중심으로 여기고 주변을 동이(東夷), 서융(西戎), 남만(南蠻), 북적(北狄)이라는 오랑캐로 취급했다. 오랑캐란 만(蠻)자나 적(狄)자가 암시하듯 승냥이나 이리가 울부짖는, 사람들이 살 수 없는 땅에 사는 족속들이다. 말하자면 "먹는 음식과 입는 복식이 다르고 재화도 통용하여 쓸 수 없고 언어도 통하지 않는"[11] 금수와 같은 존재들이다. 일본의 천황주의도 중화주의를 흉내 낸 것이다.

문명과 야만의 체계는 여러 개가 존재할 수 있다. 이런 체계들이 충돌하여 힘의 우열이 가려지면, 수천 년 지속되어 온 문명이라도 하루아침에 야만으로 전락하며, 동시에 야만이 문명으로 등극한다. 세상이 바뀌는 것이다. 힘의 우월함이 확립된 문명은 야만의 세계로 전파되어 나가며, 야만은 문명을 배우려고 발버둥친다. 이런 체계는 근대화를 기준으로 선진, 중진, 후진으로 구분되기도 한다. 그렇지만 이런 구분도 결국은 문명과 야만의 변형에 불과하며, 문명과 야만에 적용되었던 전파의 기제는 동일하다.

비서구의 여러 나라들이 근대화에 어느 정도 성공하면서, 자신들의 전통을 회복하여 그동안 서구 문명에 짓눌려 왔던 자신들의 상처 입은 정체성을 회복하려는 조짐을 보이고 있다. 이것은 세계화에 반대하는 반-세계화의 노력으로 나타나기도 하는데, 심리적으로 보면 그동안 서구에 당한 굴욕을 되갚아 주려는 복수심의 발로로 해석될 수도 있다. 그렇지만 개별 국가들이나 전통적인 문명들이 옛날로 되돌아갈 수는 없을 것으로 판단된다.

　점점 높아 가고 있는 세계화 지수가 이를 증명해 주고 있다. 세계화지수는 세계화가 얼마만큼 진행되고 있는가를 보여 주는 수치이다. 스위스 연방기술원 경제연구소가 매년 'KOF(Konjunkturforschungs-stelle) 세계화지수'를 발표하고 있고, 미국 카네기 국제평화연구소(Carnegie Endowment for International Peace)도 이런 작업을 한다. KOF 세계화지수는 세계화를 경제·사회·정치 분야로 나누어서, 경제적 세계화에서는 실제 경제적 흐름과 규제 두 가지 요소를 측정하며, 사회적 세계화에서는 개인적 접촉, 정보흐름, 문화적 접근의 세 요소를 측정한다. 그리고 정치적 세계화는 국내 소재 대사관, 국제기구 가입, 국제연합 안존보장이사회 참석 여부들을 측정한다. 이렇게 측정된 세계화 지수는 1990년 전후로 급격히 증가하고 있다. 대다수의 국가들이 세계화를 교육수준, 소득, 생산성 등을 향상시키는 기회로 삼으려 하기 때문이다. 전 세계 KOF 세계화지수는 2007년 기준으로 60%에 가깝다. 이를 구체적으로 보면 경제 세계화지수는 60%를 훨씬 넘었고, 정치 세계화지수는 60% 정도이며, 가장 낮은 사회 세계화지수도 50%를 넘었다.[12] 여러 기관들의 세계화지수를 종합해 보면 2013년 현재 우리나라의 세계화지수는 세계 30위 내외이고 서울은 10위 정도이다.

역사적 흐름에서 보면 인류는 이미 되돌아갈 수 없는 다리를 건넜다고 할 수 있다. 세계화가 초래하는 부작용은 인류가 극복해 가야 할 과제일 뿐, 이것이 역행을 정당화해 주지는 못한다. 세계화에 반대하는 반세계화 운동마저 세계적 연대를 하지 않고는 일이 안 된다는 사실이 이를 단적으로 증명한다.

8장. 열린 문명이 인류의 미래다

세계화는 서구 문명의 단순한 확장만으로 설명될 수 있는 것도 아니며, 경제적 측면에서만 적용되는 것도 아니다. 그것은 기존 문명 모두가 한데 어우러져 핵심사상들까지 뒤섞는 새로운 천지개벽이다. 세계화가 진행되면 될수록, 세계적 연결망은 문명의 기본 요소인 문화 유전자(cultural gene)의 융합을 더욱 가속화시킨다.

서구 문명 보편주의는 문명의 표준은 서구 문명 하나뿐이라는 주장이며, 문명 다원주의는 문명의 표준은 여럿이라는 주장이다. 나는 이들이 모두 현대문명의 흐름을 제대로 설명해 주지 못한다고 보고 새로운 제3의 길을 제시하려고 한다. 융합적 보편주의가 그것이다.

1. 문명은 문화 유전자의 결합체다

'문명'이란 말의 뜻은 원시생활과 대비되는 세련되고 발달된 삶의 양태이며, 구체적으로는 물질적·도덕적으로 발달된 사회를 가리킨다. 문명사회는 보통 미개한 원시사회와 대비된다. 우리는 사회가 아니라, 개인을 문명인과 야만인으로 나누기도 한다.

문명화의 기준은 시대에 따라 달라질 수 있다. 이것은 절대적 기준이라기보다는 시대의 맥락에서 적용되는 상대적 기준이기 때문이다. 고대의 문명사회는 과학기술뿐만 아니라 문자와 거대도시가

청일 전쟁

중요한 기준이었다. 반면에, 근대의 문명사회는 고도의 과학기술과 민주화된 사회체제를 갖춘 사회이다. 문명과 야만은 두 문명이 충돌했을 때 힘의 우열로 판가름 난다.

서구 문명이 동양으로 밀려오던 서세 동점의 시대를 회상해 보자. 동양의 어느 나라든 서구의 막강한 군사력 앞에 무릎을 꿇었다. 이런 군사력을 가능케 한 것은 과학기술이었으니, 처음 동양이 배우고자 한 것은 군사기술이었고, 과학이었다. 군사기술이 물리적 힘의 상징이며, 과학은 이를 뒷받침해 주는 이론 체계이기 때문이다. 그렇지만 배움의 과정은 간단하지 않았다. 단편적 기술을 배우는 것은 큰 문제가 없다고 치더라도, 기초적인 이론과학을 습득하는 일은 쉬운 일이 아니었다. 서구 문명의 과학기술은 17세기 과학혁명을 통해 완성된 근대적 과학기술이었기에 전통적인 전근대적 태도로는 접근하기 어려운 것이었다.

두 번째 단계의 목표가 사회제도였다. 처음에는 과학기술만 배우고 사회체제에서는 전통적 제도를 유지하려고 했지만, 곧 이런 전략이 성공하기 어렵다는 사실이 드러났다. 과학기술을 익혔다 해도 이를 활용할 제도가 구비되지 않는 한, 별 쓸모가 없었기 때문이다. 새 술은 새 푸대에 담지 않을 수 없었다. 변법자강(變法自疆)의 논리가 이를 대변한다.

뿐만 아니라 배움은 여기서 끝날 수 없었다. 사회제도는 인간과 세계를 보는 근본적 신념체계와 밀접한 관련을 갖고 있기 때문이다. 이리하여 힘을 기르기 위해 서구 문명의 과학기술을 배우고자 했던 출발이 마침내는 철학과 예술과 종교까지 배우지 않을 수 없는 지경에 이르고 말았다.

이때 과학기술, 사회체제, 근본적 신념체계 등에서 동양이 추구한 배움의 내용들을 우리는 간단히 문화 유전자라고 부를 수 있다.[01] 문화 유전자란 말은 생물학적 유전자와 연관해서 만들어진 말이다. 유전자는 부모에서 자식으로 물려지는 특성을 빚어내는 유전 정보의 단위이다. 이것은 컴퓨터의 하드디스크에 들어 있는 프로그램과 같은 것이다. 유전자들은 단백질 합성의 정보를 담고 있다. 생명의 지속과 번성을 가능하게 한 것은 자신을 복제하는 유전자의 출현 때문이다. 유전자들은 서로 결합과 분리를 거듭하면서 다양한 유전자 변형을 만들어 내었고, 그 결과 다양한 생명체가 출현한 것이다.

문화 유전자는 문화를 구성하는 최소 단위로서 사고방식과 행위 양식의 정보를 담고 있다. 말하자면 이것은 문화정보의 복제자이다. 리차드 도킨스는 이를 meme이라 불렀는데,[02] 이것은 모방을 의미하는 그리스어(mememe)의 축약어이다. 유전자(gene)와 문화 유전자(meme)는 다음과 같이 구분할 수 있다. gene은 신체의 세포 속에 저장되어 다음 세대에 전달되는 단백질을 만드는 정보인 데 반해, meme는 두뇌나 다른 대상에 저장되어 모방에 의해 전달되는 사고와 행위의 수행을 위한 정보다.

칼 포퍼가 말한 객관적 관념의 세계(the World of Ideas in the Objective Sense)나 니콜라이 하르트만이 주장한 객관화된 정신의 세계(Die Welt der objecktivierter Geist)는 모두 문화라는 대양을 의미한다고 할 수 있다. 동시에 객관적 관념의 세계에서 살고 있는 가장 핵심적인 주민들, 즉 이론이나 명제, 혹은 진술들은 모두 중요한 문화 유전자들이다.

문화 유전자는 학습이나 모방에 의해 사방으로 전달된다. 내가 학습을 통해 플라톤의 형상이론을 이해하고 그것을 받아들인다면, 그 형상이론은 플라톤에게서 나에게로 전달된다. 그리고 내가 강의실에서 그것을 학생들에게 설명하여 학생들이 그 이론을 이해하면 그것은 또 학생들에게 전달된다. 나는 가정교육을 통해 부모로부터 전통 예절을 배우며, 여러 대중 매체들을 통해 새로운 유행과 지식을 배운다. 내가 텔레비전에서 본 어떤 연기자의 몸짓이나 의상양식을 흉내 내어 그대로 모방한다면, 그런 행동이나 의상양식은 나에게 전달되었다고 할 수 있고, 나와 같이 행동하는 모든 사람들에게도 전달된 것이다.

이런 전파를 내용적 측면에서 보면, 어떤 문화 요소, 즉 문화 유전자의 자기 복제가 이루어졌다고 말할 수 있다. 위에서 예로 든 플라톤의 형상이론은 그 이론을 받아들인 사람의 수만큼 자기 복제를 한 셈이다. 몸짓이나 의상 양식도 이것을 모방하는 사람의 수만큼 자기 복제를 한 것이다. 그러므로 이런 문화 유전자들은 자기 복제라는 측면에서 유전자와 아주 유사하다.

유전자와 마찬가지로 모든 문화 유전자의 자기 복제능력이 같을 수는 없다. 문화 유전자마다 수명이 다르고, 다산성에 있어서도 차이가 난다. 어떤 패션 유행같이 잠시 반짝하다가 사라져 버리는 경우도 있고, 유교의 인의예지같이 수천 년을 견디면서 자기 복제를

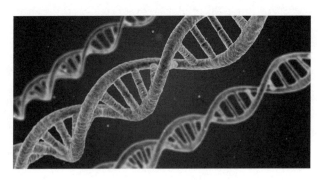

유전자들을 담지하고 있는 DNA 사슬

하는 경우도 있다.

문화 유전자는 유전자형(Genetype)과 표현형(Phenotype)으로 구별될 수도 있다.[03] 유전자형은 문화 유전자에 관한 정신적 표상이고, 표현형은 그것의 구현, 즉 그것이 표현되거나 전달되었을 때, 나타나는 형태이다. 유전자형은 같아도 표현형은 다를 수 있다. 베토벤의 월광 소나타를 각 음악가는 다르게 연주할 수 있다. 이것은 북극지방의 소나무와 온대지방의 소나무가 유전자는 동일하지만, 크기나 모양새는 기후환경에 따라 아주 다르게 된 것과도 같다.

전체적으로 문화 유전자를 유전자와 비교해 보면, 정보의 원형은 문화 유전자들이고, 변이는 의식적이거나 무의식적인 문화 유전자의 결합, 변형, 재조직화에 의해 발생한다. 복제는 표상들이 행위나 언어로 변형되거나, 모방과 같은 과정을 통해 전파되어 다른 두뇌 속에서 재생산될 때, 일어난다. 헤겔, 하르트만, 포터 등이 객관화된 정신의 세계에 포함시킨 모든 것들, 문학, 시, 조형예술, 음악 등의 창작물, 각종의 기념물, 건축물, 기술적 작품, 도구, 무기, 수공업과 공업의 산물, 과학적 및 철학적 체계들, 신화적 관념이나 종교적 관념들은 모두 중요한 문화 유전자들이다. 나는 이런 근거에서 문명을 문화 유전자의 집합체로 규정했다.

2. 문화 유전자의 융합이 가속화되고 있다

문명이 문화 유전자의 결합체라면, 세계화 즉, 문명의 융합은 결국 문화 유전자의 융합이라고 할 수 있다. 세계화가 구체적으로 어떻게 진행되는가를 확인하는 문제는 한 문명의 문화 유전자를 어떻게 추출하고 체계화시키느냐이다. 이런 작업은 흡사 유전체를 분석하여 종별, 민족별 유전자 지도를 그리는 작업과도 비슷하다. 유전자 지도가 그려지면 질병을 예방할 수도 있고 건강을 위한 프로그램을 만들 수도 있듯이, 한 문명의 문화 유전자가 체계적으로 규명되면 문명을 이해하고 새롭게 창조하는 일이 한결 수월해질 것이다.

문화 유전자를 추출하고 정리하는 방식은 논의하는 맥락에 따라 다를 수 있을 것이다. 나는 일단 학술지에 실린 핵심어(Keyword)들을 문화 유전자의 일종으로 보고자 한다. 경우에 따라서는 한 편의 논문도 하나의 문화 유전자로 규정할 수도 있지만, 더욱 자세히 보면 그 논문이 다루는 중요한 개념 하나 하나가 모두 문화 유전자들이라고 할 수 있다. 이에 가장 잘 어울리는 것이 핵심어이다. 핵심어는 논문의 내용을 최소 단위로 집약적으로 나타내기 때문이다. 한 논문은 보통 5개에서 10개 이내의 핵심어를 표기한다. 핵심어만 보아도 이 논문이 어떤 문제를 어떻게 다루었는지 대강 짐작할 수 있다.

문명의 융합이 어느 정도 진척되고 있는지를 알아보기 위해, 나는 이 핵심어들이 얼마만큼 중첩되느냐에 따라 적어도 학술 분야에서 어느 정도 문명의 융합이 진행되고 있는지 그 정도를 측정하려고 했다. 그리고 이를 통해 문명 융합의 실례를 확인하려고 했다.

이런 과정은 다음과 같이 진행되었다.

1) 우선 현대 문명을 6대 문명 즉, 유교 문명, 기독교 문명, 비잔틴 문명, 이슬람 문명, 힌두 문명, 불교 문명으로 나누고

2) 과학 웹(Web of Science)에 등록되어 있는 학술지를 6대 문명별로 분류하고, 이를 다시, 인문, 사회, 자연과학으로 세분한 후

3) 1990년부터 2010년까지 5년 주기로 각 문명별, 분야별 논문의 핵심어를 수집하여

4) 핵심어의 문명별, 분야별 중첩 비율을 도출했다.[04]

이때 중요한 것은 연도별 총 키워드에서 공통되는 비율을 비교하는 것이다. 비교는 어떤 특정 문명 A의 분야별 논문 전체 키워드를 분모로 하고, 다른 문명 B의 같은 분야의 공통되는 키워드들을 분자로 하여 공통된 키워드의 비율을 측정하는 것이다. 비율을 구할 때에는 각 키워드들의 빈도수를 포함한다. 가령 2005년에 칸트(Kant)가 어떤 문명에서 8번 나왔고 데리다(Derrida)는 2번 나왔다면, 계산에서는 빈도수까지를 함께 계산한다. 수식으로 표현하면 다음과 같다.

a/b

a= 어떤 문명과 다른 개별 문명의 공통된 키워드의 빈도수의 총합

b= 어떤 문명의 분야별 총 키워드 빈도수

이 연구는 다음과 같은 문제점, 즉 ① 과학웹(Web of Science)에 등록이 안 된 학술지에 대해서는 고려하지 못했으며, ② 학술 분야에서 논의되는 문화 유전자와 학술 분야 이외의 영역에서, 즉 대중매체나 일상생활 속의 문화 유전자와의 관계에 대해서는 논의하지 못했다는 점 때문에 어떤 한계를 갖는다. 그럼에도 불구하고 Web of Science의 문명별 학술지 핵심어의 중첩 비율은 현대 문명의 융합에 대해 시사하는 바가 클 것으로 판단된다. 여기서는 지면상 과학기술 분야에 한에서 문명별 중첩 비율을 정리했다.

이 도표는 우리에게 몇 가지 해석을 가능하게 한다.

1) 전체적으로는 1995년 이후로 모든 문명에서 핵심어의 중첩 비율이 상승하고 있다. 이것은 동일한 문제의식을 갖고 동일 주제를 다루는 비율이 높아짐을 의미하며, 동시에 문화 유전자의 융합이 빠르게 진행된다는 의미를 함축한다.

2) 모든 문명이 서구 문명을 추격해 가는 모습을 보이면서도, 문명 상호 간에도 융합은 일어나고 있다. 2010년 기준 모든 문명에서 서구 문명과의 핵심어 중첩 비율은 70% 내외이고, 다른 문명들 상호 간의 핵심어 중첩 비율도 대체로 40~50% 정도 된다.

3) 이런 추세는 경제 분야에서 세계단일 시장이 형성된 것과 같이 과학기술 분야에서도 하나의 단일 학문 공동체가 형성되고 있음을 의미한다.

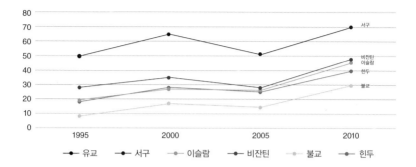

1) 유교 문명을 기준으로 했을 때의 핵심어 중첩 비율

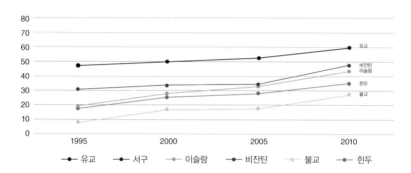

2) 서구 문명을 기준으로 했을 때의 핵심어 중첩 비율

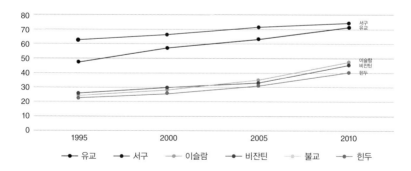

3) 불교 문명을 기준으로 했을 때의 핵심어 중첩 비율

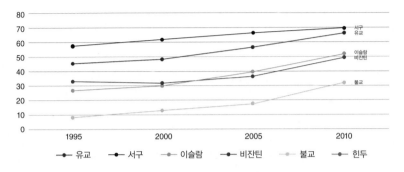

4) 힌두 문명을 기준으로 했을 때의 핵심어 중첩 비율

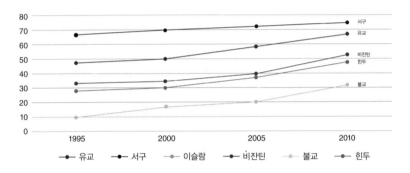

5) 이슬람 문명을 기준으로 했을 때의 핵심어 중첩 비율

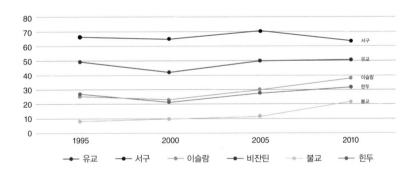

6) 비잔틴 문명을 기준으로 했을 때의 핵심어 중첩 비율

3. 인류 보편적 문명사의 시각이 필요하다

문명사의 흐름에서 보면 최근 200여 년의 세계사는 서구 문명의 전 지구적 팽창과 이에 대응하는 비서구의 투쟁사라고 볼 수도 있다. 말하자면, 이 시기는 결국 자신을 중심부로 하고, 나머지 문명들을 주변부로 편입시키려는 서구 문명의 패권에 비서구가 다양한 방식으로 대응해 가는 과정이었다.

왜 서양이 지배하는가에 대한 대답을 역사학자이자 고고학자인 이안 모리스(Ian Morris)는 사회발전지수에 기초해서 제시한다.[05] 사회발전지수란 일을 처리하는 사회적 능력이며, 자신들의 목표에 맞게 물리적, 경제적, 사회적, 지적 환경을 생성하는 사회적 능력으로 정의된다. 그는 이런 사회적 능력을 측정하기 위한 지수로서 에너지 획득, 조직화, 전쟁 수행능력, 정보 기술을 제시한다. 말하자면 서구 문명은 사회발전지수에서 다른 문명보다 월등히 앞섰다는 것이다.

유라시아인들은 왜 아메리카, 오스트레일리아, 아프리카, 원주민들에게 정복당하지 않고 반대로 그들을 정복하고 학살할 수 있었는가. 진화생물학자인 제레드 다이아몬드(Jared Diamond)는 그의 『총, 균, 쇠』에서 자연환경의 차이에서 기인한 과학기술의 우월성이 운명을 갈랐다고 설명한다.[06] 역사학 교수인 니얼 퍼거슨(Niall Ferguson)은 서양이 승리하게 된 4가지 제도를 다음과 같이 이야기한다.[07] ① 대의정치, ② 자유시장, ③ 법치주의, ④ 시민사회가 그것이다.

이런 논의들을 종합해 보면, 서구 문명은 결국 세 가지 혁명 즉 과학혁명, 산업혁명, 시민혁명의 종합으로 이해될 수 있다. '혁명'이란 말이 암시하듯이 이들 혁명은 과학 기술에서, 사회 경제 구조에서, 정치 체제에서 그 이전과는 너무나 다른 세계를 만들었다. 18세기 서구 계몽주의자들은 군사력과 경제력에서 이런 혁명을 겪지 못한 다른 세계와 비교해서 절대적 우위를 보장해 주는 이런 새로운 세상을 '문명'이라 불렀다. 동시에 야만에 대립되는 이 '문명'의 개념을 통해 자신의 우월성을 확정 짓고자 했다.

비서구(非西歐) 여러 나라의 서구 문명 추격전은 불가피한 선택이었다. 서구를 문명의 표준으로 삼는 서구 문명 보편주의나 서구를 자신의 생각이나 가치관의 중심에 놓는 서구 중심주의는 비서구의 절대 약자들이 가질 수밖에 없는 자연스런 귀결이라 할 수 있다.

아시아에서는 일본이 제일 먼저 선수를 쳤다. 일본 근대화의 사상적 선구자 후쿠자와 유키치(福澤諭吉)의 탈아입구(脫亞入歐)는 일본 근대화의 근본전략이었다. 탈아입구란 후진 아시아를 떠나 선진 서구로 편입되겠다는 이야기이다. 일본과 비교해서 한 세기 정도 늦었지만, 우리의 근대화도 비슷하다. 지금 중국의 근대화도 일단은 서구 문명 추격전이라고 볼 수 있다.

비서구의 여러 나라들이 추격에 어느 정도 성공할 가능성이 높아지면서 반서구 내지는 탈서구의 목소리를 높이고 있다. 이런 태도를 이론적으로 뒷받침해 주는 교설이 문명 다원주의이고 주체이론

유길준　　　　　청나라 캉유웨이　　　　일본의 후쿠자와 유키치

이다. 이런 상황에서 동도서기(東道西器)론도 다시 부활하려는 조짐을 보인다.

　나는 문명다원주의나 동도서기론은 정당화되기 어렵다고 본다. 이유는 두 가지이다. 첫째는 문명이란 과학기술과 사회제도와 세계관이 하나의 구조를 형성하고 있는 체계인데, 서구 문명의 과학기술과 사회제도를 전폭적으로 수용하면서, 우리의 전통적 세계관만을 여기에 덧붙이려는 태도는 어울리지 않는 일이며, 둘째는 우리의 사상이라 해도 시대상황에 맞게 재해석하거나 변형시키지 않고 그대로 유지하는 것은 불합리하다고 보기 때문이다.

　우리는 진리를 추구하고 효용성을 추구할 수밖에 없다. 이런 관점에서 보면 우리 것이라 해도 진리가 아니라면, 그리고 생활에 도움을 주지 않는 것이라면 바꿀 수밖에 없다. 세상이 바뀌면 세계관도 새로워질 필요가 있다.

이런 주장은 물론 우리 것을 버리라는 이야기가 아니다. 우리 자신도 모르는 사이에 우리의 살과 피가 된 전통은 소중하기 짝이 없다고 해야 할 것이다. 우리 삶의 기반이며 터전이기 때문이다. 그렇지만 전통은 진리와 동행할 때만 의미가 있다. 맹목적으로 전통에만 매달린다는 것은 다시 정체와 고립을 자초할 가능성이 높다.

서구 문명이 유일 절대의 문명 모델이라는 주장도 잘못된 주장이지만, 기존 문명들의 독자성을 주장하기도 어려운 상황이다. 하나의 생활공간에서 너무나 많은 것들이 뒤섞이고 있다. 우리가 다른 문명을 배척하지 않는 한, 문명의 교류는 모든 영역에서 상호학습의 기회를 제공할 것으로 예상된다.

문명들은 서로 비교 불가능하다는 논리도 인류가 생물학적으로 한 종이라는 원초적인 사실을 무시한 전혀 공허한 이야기이다. 뿐만 아니라, 우리가 정체성의 문제를 과거의 상상적 원형에로의 회귀에서 해결하려는 것은 잘못이다. 정체성은 미래지향적 창조적 관점에서 찾아야 되기 때문이다.

그렇다면, 어디에서 해법을 찾을 것인가? 나는 문명의 충돌이나 공존 대신에 문명의 융합을 주장한다. 이런 주장을 하는 근거는 문명의 충돌이나 공존은 문명들의 만남에서 전개되는 초기 단계에 불과하며, 세계화가 진행되면 융합으로 나갈 수밖에 없다고 보기 때문이다. 인류문명의 보편사적 시각이 필요한 것은 이런 이유 때문이다.

칼 포퍼는 인류의 역사를 열린사회와 닫힌사회의 투쟁으로 해석한다. 이때 열린사회는 개인의 독자성과 자율성을 인정하는 자유사회이다. 말하자면 개인의 자유와 권리가 확보된 사회이며, 개인이 그의 이성에 따라 스스로 판단을 내리고 자신의 행위에 대해 책임을 지는 사회이다. 그중에서도 특히 사상과 표현의 자유가 중시되는 사회가 열린사회이다. 반면에 닫힌사회는 국가가 크든 작든 시민 생활의 모든 측면을 규제하는 전체주의 사회이다. 정치적 전체주의자들은 국가란 국민의 자유를 보호하기보다는 국민의 도덕생활을 통제하기 위해 권력을 사용해야 한다고 주장한다. 닫힌사회에서는 개인은 무엇이 옳고 그런지에 관해 독자적 판단을 내릴 수 없는 반면, 국가만이 개인들의 판단에 대해 대답할 권리를 갖는다.[08]

나는 열린사회와 닫힌사회의 이념을 인류의 문명으로 확대, 적용하여 다음과 같이 규정하고자 한다. 열린 문명은 내부적으로는 열린사회의 이념을 기반으로 하면서, 대외적으로는 다른 문명에 대해서도 포용적인 자세를 취하는 문명이며, 닫힌 문명은 내부적으로 닫힌 사회를 기반으로 하면서, 대외적으로 배타적인 태도를 견지하는 문명이다.

이런 관점에서 보면, 서구 문명이 문명의 유일한 표준이라는 서구 문명 보편주의도 문명의 표준은 여럿이라고 주장하면서 다른 문명을 배척하는 문명 다원주의도 모두 열린 문명을 지향하는 태도라고 할 수는 없다.

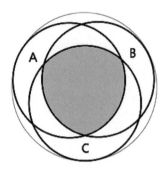

특수를 포괄하는 종합

　서구 문명 보편주의는 다른 문명에 행사한 폭력적인 힘 때문에, 문명 다원주의는 다른 문명이 접근할 수 없는 고유한 혼 때문에, 이들은 모두 열려 있지 않고 닫혀 있다. 이에 반해 내가 논의하는 열린 문명은 모든 문명들이 자유롭게 뒤섞이고 융합되어 탄생하는 새로운 보편 문명이다. 이때의 보편은 이미 고정된 어떤 것이 아니라 앞으로 형성되어 갈 보편이라는 의미에서 미래의 보편이라 할 수 있다.

　나는 열린 문명의 특성을 다음과 같이 규정하고자 한다.

1) 열린 문명은 현재 존재하고 있는 모든 문명들을 하나의 보편문명으로 통합되어야 할 지역 문명들로 간주한다. 현대문명의 최대 과제는 세계성과 지역성의 화해와 소통이다. 열린 문명은 지역적 문명들이 서로 만나 융합하는 과정에서 수많은 공통성과 기본적인 공통가치들을 추구한다.

2) 열린 문명은 현대 사회가 당면한 중요한 문제들을 인류 보편적 관점에서 해결할 새로운 표준을 추구한다. 열린 문명은 문명 간의 배타와 독단을 조장하는 온갖 선민주의적 사상 체계들을 배격하고, 생명 존중, 민주주의, 인권, 평화, 정의, 평등, 자유, 존엄 등의 보편적 가치들을 더욱 확산하고 재정립하려고 한다.

3) 열린 문명은 배타적 민족주의나 국가주의를 제어하고 국가 간의 사회 정의나 지구적 자원의 효율적 분배를 위한 보다 강력한 국제기구를 추구하며, 지구자원의 활용과 분배적 정의의 문제는 한 사회 내에서뿐만 아니라 국가 간에도 적용되도록 검토되어야 할 문제라고 본다.

4) 열린 문명은 인간과 자연의 관계에 대한 근본적인 변혁을 추구한다. 열린 문명은 자연을 단지 정복과 착취의 대상으로만 생각하는 온갖 사상을 거부하고 자연과 인간을 조화시킬 수 있는 자연에 대한 새로운 해석을 추구한다.

5) 열린 문명은 제 3의 새로운 계몽을 지향한다. 인류의 첫 번째 계몽이 인간 정신의 자유와 초월성의 발견이었고, 두 번째 계몽이 만인의 자유와 평등의 실현이었다면, 제3의 계몽은 우주 속에서 생명과 인간 존재의 의미를 확인하고 구현하려고 한다.

열린 문명은 역사의 필연적인 방향인가? 우리가 역사 법칙주의자가 아닌 한에서 이런 주장을 하기는 어려울 것이다. 역사가 미리 정해진 필연적 길을 따라 전진한다는 생각은 우리의 자유로운 선택을 무력화한다. 또한 열린 문명의 길은 순전히 당위의 차원에서 논의되는 것도 아니다. 열린 문명으로의 길은 우리의 자유로운 선택이 초래할 미래이다. 이제 세계는 하나의 사회적 관계망을 갖게 되었고, 서로 다른 지역들 사이에는 사람과 재화의 흐름과 함께 문명의 핵심인 문화 유전자들이 빠른 속도로 뒤섞이며 융합되고 있다. 융합은 새로운 차원이나 보다 높은 단계의 창조가능성을 함축한다. 이런 상황과 이성과 자유의 비가역성 원리를 고려하면 열린 문명의 길이 우리가 할 수 있는 최선의 합리적인 선택이라고 판단된다.

21세기에 들어 경제적 불황이 깊어지면서 세계의 여러 나라들이 과거의 닫힌 국가주의나 민족주의로 회귀하는 경향을 보인다. 중화 패권주의나 일본의 국수주의가 그런 실례들이다. 미국의 고립주의나 영국의 브렉시트도 세계화 시대를 역행하는 퇴행적 모습들이다. 이런 대응은 불확실한 미래의 위험에 대한 방어적 몸짓이지만, 문명사의 관점에서 보면 역사의 후퇴로 해석된다. 우리가 이성적 존재자인 한, 열린 문명의 길이 인류사의 방향일 수밖에 없다.

9장. 대담 및 질의응답

▣ 역사 연구

[질문 1] 역사가들이 연구과정에서 사용하는 가설의 지위와 과학자들이 사용하는 가설의 지위 사이에는 유사성이 있으며, '역사는 과학'이라고 본 E. H. 카의 견해에 대한 교수님의 설명을 듣고 싶습니다.

[답변] 저는 역사적 탐구와 과학적 탐구의 유사성을 주장한 에드워드 카의 견해에 동의합니다. 카는 "역사는 오로지 특수한 것만을 다루며 과학은 일반적인 것을 다룬다."는 주장을 반박하면서, 다음과 같이 주장합니다.

"오늘날 과학자나 역사가 모두 보다 겸손한 희망, 즉 자신의 해석을 매개로 하여 사실을 분리하고 그 사실로써 자신의 해석을 검증하는 가운데 하나의 단편적인 가설로부터 또 하나의 단편적인 가설로 점진적으로 나아갈 수 있다는 희망을 품고 있다. 그러므로 나에게는 그들이 일하는 방법이 근본적으로 다르다고 생각되지 않는다."

이런 카의 주장은 맞는 말이지만, 역사적 탐구에서 활용하는 가설과 과학적 탐구에서 활용하는 가설은 노리는 목표에서 차이가 있다고 저는 생각합니다. 과학은 법칙의 정립을 목표로 하고 있고, 역사는 개성과 유형의 기술을 목표로 하고 있습니다.

[질문 2] "역사를 연구하기에 앞서서 우선 역사가를 연구하라. 역사가를 연구하기에 앞서 먼저 그의 역사적, 사회적 환경을 연구하라."는 E. H. 카의 주장에 대한 설명을 부탁드립니다.

[답변] 첫 번째, "역사를 연구하기에 앞서서 우선 역사가를 연구하라."는 주장은 역사가의 관점이 다름에 따라 역사가 다르게 쓰여질 수 있으므로 정확한 역사이해를 위해서는 먼저 역사가의 관점이 무엇인가를 알아야 한다는 주장으로 이해됩니다.

두 번째, "역사가를 연구하기에 앞서 먼저 그의 역사적, 사회적 환경을 연구하라."는 주장은 역사가의 관점은 그의 사회적 환경의 영향 하에서 결정되므로 역사가의 사회적 환경을 아는 것이 역사가의 관점이 어떻게 형성되었는지를 파악하는 데 필수적이라는 주장이라고 할 수 있습니다.

[질문 3] "사실을 못 가진 역사가는 뿌리를 박지 못한 무능한 존재이며, 역사가가 없는 사실이란 생명 없는 무의미한 존재"라는 E. H. 카의 주장에 대한 자세한 설명을 부탁드립니다.

[답변] 사실에 근거하지 않은 역사가는 오히려 소설가나 공상가라고 해야 할 것입니다. 그에게는 사실이라는 뿌리가 없기 때문입니다. 또한 모든 사실이 역사적 사실이 아니라 여러 사실 중에서 역사가의 선택을 받은 사실만이 역사적 사실이 됩니다. 그러므로 역사가의 선택을 받지 못한 사실은 역사에 기록되지 못했다는 점에서 생명이 없는 무의미한 존재라고 할 수 있습니다.

[질문 4] "역사란 무엇인가?"라는 질문에 E. H. 카는 "역사는 과거와 현재와의 끊임없는 대화이다."라고 했습니다. 역사와의 대화에서 요구되는 현명한 방법과 올바른 자세는 무엇인지요?

[답변] 대화는 쌍방향에서 이루어집니다. 역사와의 대화에서 올바른 자세는 과거의 역사를 최대한으로 있었던 그대로 드러나게 하는 대화여야 할 것입니다. 현재의 기준이나 관점을 지나치게 강조하여 과거의 재현에 방해가 되는 대화는 올바르지 못한 대화가 될 것입니다. 말하자면 현재 나의 견해를 주장하는 대화가 아니라, 과거의 숨겨진 비밀을 끌어내는 대화가 되어야 할 것입니다.

[질문 5] 역사란 하나는 지나간 과거이며, 또 하나는 과거에 대한 기록을 말합니다. 그렇다면 '역사 객관주의'와 '역사 주관주의'를 가급적 쉽게 정리하고자 할 때, 교수님의 견해는 어떠신지요?

[답변] 역사 주관주의는 현재 역사를 이해하는 사람의 구성적 작업에 초점을 맞추는 것입니다. 말하자면 역사는 과거의 세계지만 그것을 이해하는 사람은 현재에 존재하기 때문에, 역사의 이해는 과거가 아니라 현재의 문제이며 이해하는 사람이 갖고 있는 현재 이해의 틀이 문제라는 것입니다.

현재주의는 현재에 초점을 맞추어 "역사는 과거라는 스크린에 비친 현재이다."라고 규정하며, 역사 서술을 이야기 만들기로 이해하는 서사주의는 "역사는 문학의 한 장르"라고 정의합니다. 진리를 유용성과 동일시한 실용주의는 "역사는 필요에 의해 쓰여진 것이다."라고 주장합니다.

역사 객관주의는 역사 연구가 최대한 과거의 세계를 있었던 그대로 복원해야 한다고 주장합니다. 이것을 과거의 재현이라 부릅니다. 물론 결과적으로 존재했던 그대로의 완벽한 재현은 쉽지 않다는 결론에 도달할 수도 있겠지만, 역사 객관주의자에게 적어도 역사 이해의 목표는 존재했던 그대로의 재현이 됩니다.

저는 역사 객관주의를 주장합니다.

[질문 6] 역사의 기록은 승자의 기록이 아닌가요? 객관적인 기록이 아닌 것을 객관주의로 정당화할 수 있을까요? 김부식의 삼국사기도 사대주의, 경주 중심 기록이라는 설을 부인하시는지요? 역사의 기록이 객관적이라고 봐야 할까요? 조선왕조실록(특히 선조실록)

에는 북인이 득세한 때인지라 '이이 졸'이라고 기록된 반면, 서인들에 의해 편찬된 선조수정실록에는 이이가 죽은 날, 인품, 학문적 성취, 교유 및 사제관계까지도 자세히 기록되었습니다. 임진왜란 때 초성공신은 구색 맞추기로 유성룡, 이산해 등 86명을, 선무공신은 18명에 불과했고, 곽재우, 고경명 부자, 김덕령 등은 배제되었다는데, 이를 객관적으로 기록했다고 평가할 수 있을까요?

[답변] 역사 객관주의를 추구한다고 해서 역사기록의 편향성이 없었다거나 모든 기록이 객관적이라고 말하는 것은 아닙니다. 오히려 역사가가 특정한 관점에 따라 쓴 여러 가지 역사 기록들을 통해서 최대한 있는 그대로의 사실을 재현하고자 하는 것이 역사 객관주의의 입장이라 할 수 있습니다.

선조실록의 북인 득세 시기의 이이의 기록과 선조수정실록의 수정된 기록뿐만 아니라, 우리는 다양한 실록상의 기록을 통해서 실록이 상당부분 '득세한 세력'에 유리하게 기록되었다는 사실을 알 수 있습니다. 역사 객관주의 입장은 이러한 편향성을 비교와 검토를 통해 파악하고 역사 이해에 반영해서 객관적인 역사를 재현하는 것을 목적으로 합니다.

[질문 7] 기록과 정보의 홍수인 시대에 우리는 살고 있습니다. 그에 따라 한 사건에 대해 다양한 관점과 논리로 그 사건을 자기 주관

대로 정리합니다. 역사 기록으로 남길 만한 일도 상반된 기록을 남깁니다. 그 기록에 대해 다양한 증거와 논리가 존재합니다. 이때 후대 연구자들은 이러한 기록, 정보, 자료를 연구자의 주관적 가치관으로 해석하는데, 어떻게 기술해야 객관적인 역사기술이라 할 수 있습니까?

[답변] 다양한 사건이 일어나지만 모든 사건이 역사로 기록되지는 않으며, 기록된 1차사료라 해서 모두 역사서의 재료가 되는 것도 아닙니다. 역사가의 선택을 받을 때 사건은 역사적 가치를 갖습니다.

객관적인 역사기술을 하기 위해서는 비교와 검토가 중요한 작업이라고 할 수 있습니다. 어떤 사건이 어떤 역사가들에 의해 선택되었는지, 어떻게 서술되었는지를 비교하고 검토하는 작업을 통해서 그 사건의 중요성과 기록의 배경이 된 관점을 파악할 수 있을 것입니다. 그런 편향성들을 고려하면서, 그것들을 보정해서, 역사를 제대로 이해하고 기술할 때 객관적인 역사기술이라고 말할 수 있을 것입니다.

이것은 자연과학의 연구에서도 마찬가지라고 할 수 있습니다. 과학적 가설의 정립 단계에서는 과학자의 주관적인 선입견이나 기준들이 개입될 수 있지만, 그 이론의 검증 과정에서는 주관은 최대한 교정됩니다.

[질문 8] "역사에는 만약(if)이란 없다."라는 말의 유래와 might-have-been 派"에 대한 설명을 부탁드립니다.

[답변] 지나간 역사를 보면서 우리는 때로 안타까움에 사로잡히기도 합니다. 이런 감정에서 역사를 가정해 보기도 합니다. 예컨대 '신라가 삼국통일을 하지 않고 고구려가 삼국 통일을 했다면 어떻게 되었을까? 이성계가 위화도 회군을 하지 않았다면 어떻게 되었을까?'와 같은 가정들입니다.

이런 가정 중에는 만약 클레오파트라의 코가 조금만 낮았더라도 세계사는 바뀌었을 것이라는 유명한 이야기가 있습니다. 그렇지만 역사에서 가정은 성립할 수 없습니다. 왜냐하면 자연주의의 관점에서 보면, 일어난 사건들은 필연적으로 일어날 수밖에 없었으며, 자유의지를 가진 인간들의 행위라는 관점에서 보면, 역사적 사건은 그 당시의 상황에서는 최선의 합리적인 선택이었다고 할 수 있습니다.

예컨대 우리가 우리 자신의 과거를 회상하면서 잘못된 실수들을 후회할 수 있지만, 그 당시의 나의 상태와 주변의 상황을 종합적으로 고려하면, 그 행위가 어떤 점에서는 불가피했다고 할 수 있습니다.

[질문 9] 역사 개성주의와 역사 법칙주의에 대해서 한 말씀 부탁

드립니다. 또한 중핵가설 체계란 무엇을 말하는 건가요?

[답변] 역사 개성주의는 역사를 개성, 발전, 연관성의 세 가지 원리에 의해서 설명하려는 것입니다. '개성의 원리'란 역사 속의 개별적 사건이나 사실들은 그 자체로서 독자적인 개성과 가치를 갖는다는 것입니다.

'발전의 원리'는 역사적 현실 전체가 다양한 개체들의 발전 과정이고, 역사 속에 존재하는 모든 개체들은 끊임없이 발전하는 과정 속에 있다는 것입니다.

'연관성의 원리'는 개별적인 사건들이 하나의 유기적이고 통일적인 연관 속에 존재한다는 것입니다. 말하자면, 개성적인 사건들은 어떤 시대적 흐름 속에서 상호 연관 속에 존재한다는 것입니다.

역사법칙주의는 역사가 역사법칙에 의해 지배된다는 주장입니다. 역사법칙을 주장한 역사법칙주의자들은 대체로 역사 세계 전체를 셰익스피어의 희곡과 같이 어떤 줄거리를 갖고 전개되는 기나긴 드라마로 간주하거나, 탄생과 성장과 죽음이 주기적으로 전개되는 생명을 가진 하나의 유기체로 해석합니다.

따라서 역사의 과정에는 필연적으로 이 과정을 지배하는 어떤 법칙이 존재하고, 우리가 그 법칙을 발견할 때 미래의 세계가 어떻게 전개될 것인가를 알 수 있으며, 이에 기초하여 변화에 합리적으로 대처할 수 있게 된다는 것입니다.

중핵가설은 가설 중에서도 가장 중심적인 가설을 의미합니다. 제가 이 중핵가설을 사관에 비유한 것은, 사관은 관점 중에서도 가장 중심적인 관점을 의미하기 때문입니다.

[질문 10] 근대사와 현대사의 차이점은 무엇입니까? 그리고 글로벌 시대의 "트랜스내셔널" 역사 연구는 어떤 것입니까?

[답변] 현대는 우리가 살고 있는 시대입니다. 보통 1세기 정도를 말합니다. 문명권이나 국가에 따라서 시대구분은 다를 수 있지만, 서양을 기준으로 보면 17~19세기의 시기가 근대에 해당됩니다. 근대사는 비교적 과거의 역사이므로 대체로 객관적으로 정리되어 있지만, 현대사는 아직 진행 중에 있고 현재의 이해관계에 연관되는 경우가 많으므로 역사해석에서 상대적으로 논란이 많다고 할 수 있습니다.

"트랜스내셔널" 역사 연구란 국민국가의 차원을 넘어서 세계체제의 관점에서 역사를 연구하자는 것입니다.

[질문 11] 거대한 세계사의 흐름을 '도전과 응전'이란 개념으로 설명하려 한 토인비의 예언자적 발언은 어떻게 이해해야 됩니까? 그리고 포스트모더니즘 사조가 '미시사'에 끼친 영향을 알고 싶습니다.

[답변] 〈도전과 응전〉은 영국의 문명사가 아놀드 토인비(A. J. Toynbee)가 문명의 탄생과 성장을 설명하기 위해 창안해 낸 이론입니다. 전통적으로 자연환경이 인간의 생활에 가장 유리한 곳에서 문명의 탄생이 가능했을 것으로 생각되었지만, 토인비는 이와 반대로 자연환경이 어느 정도 불리한 것이 문명 탄생의 필요조건이라고 보았습니다. 예컨대 고대 4대 문명을 탄생시킨 4대강 유역은 모두 범람의 위험이 크고 기후도 건조하거나 악조건이었지만 인간의 창의력으로 그러한 도전을 성공적으로 극복하는 과정에서 문명이 비로소 탄생되었다고 설명합니다. 그는 문명의 성장도 도전에 대한 성공적 응전으로 설명합니다. 저는 토인비의 〈도전과 응전〉이론은 문명의 탄생과 성장을 설명하는 좋은 이론 중의 하나라고 봅니다. 그렇지만 적절한 정도의 도전이란 사후적으로 규정될 수밖에 없다는 점을 고려하면, 이 이론을 엄격한 법칙같이 너무 경직되게 해석할 수는 없을 것 같습니다.

서구에 미시사(Microhistory)라는 연구 경향이 등장한 것은 1970년대에 들어서이고 우리나라에 소개된 것은 얼마 되지 않았습니다. 미시사는 역사를 '작은 규모'를 통해 파악한다는 것으로, 연구대상을 실명을 가진 한 개인 또는 소수집단, 그리고 개인이라 하더라도 역사의 주류에 편입되지 않았던 하층민, 농민, 여성 등의 비주류 인물들을 다루는 시각입니다.

포스트모더니즘 사조는 여성운동, 학생운동, 흑인민권운동과 구조주의 이후에 일어난 탈중심적 다원적 사고, 탈이성적 사고를 기반으로 하는 사상입니다. 탈 중심이란 어떤 절대적 기준을 거부하는 것이며, 탈이성은 이성의 보편성에 대한 저항입니다. 이런 점에서 볼 때, 포스트모더니즘이 미시사의 사상적 기반이라고 할 수 있습니다.

▣ 사 관

[질문 12] 변증법적 유물사관의 현대적 의미는 무엇입니까?

[답변] 유물사관은 생산력과 생산관계, 경제적 하부구조와 비경제적 상부구조의 관계를 통해 역사를 설명하는 이론입니다. 공산주의 체제가 붕괴된 후, 이 사관은 치명적인 상처를 입었고 이 사관의 영향력은 매우 축소되었지만, 추종자들에 의해 이를 수정해서 재구성하려는 논의는 계속되고 있습니다. 불평등이 심각한 사회 문제로 남아 있으면서 경제적 구조의 문제가 중시되는 한, 경제적 하부구조를 역사의 기반으로 중시하는 유물사관은 마르크스 엥겔스의 고전적 도식을 넘어 나름대로 새로운 변형을 추구할 것으로 생각됩니다. 유물사관의 현대적 의미는 이런 새로운 변형의 모태를 제공한다는 점에서 찾을 수 있을 것으로 보입니다.

[질문 13] 정신사관, 민족사관, 실증사관은 각각 누가 대표적으로

주장했습니까?

[답변] 정신사관은 게오르크 헤겔(Georg Wilhelm Friedrich Hegel)이, 민족사관은 요한 헤르더(Johann Gottfried Herder)가, 실증주의는 레오폴드 폰 랑케(Leopold von Ranke)가 대표적으로 주장했습니다.

실증사관은 실증사학이라고 말하는 편이 적절합니다. 실증사학은 역사를 실증적 방법으로 연구해야 한다는 것이지, 역사의 주체나 성질이나 방향은 말하지 않았기 때문에 엄격한 의미에서 사관이라고 보기는 어렵겠습니다.

[질문 14] 근대의 핵심적인 4가지 사관(인본사관, 정신사관, 유물사관, 문명사관)에 대해서 궁금합니다. 더불어 역사주의의 새로운 변형이란 무엇을 말하는 건가요?

[답변] 인본사관은 볼테르를 중심으로 한 계몽주의자들이 주장한 사관으로 역사의 주체는 개인들의 집합, 인류이며 역사는 인간 이성에 의해 보다 높은 문명 단계로 진보한다는 원리를 담고 있습니다.

정신사관은 게오르크 헤겔 등 유심론자들이 주장한 사관으로 역사의 주체는 정신이며 정신의 본질은 자유라고 주장합니다. 또한 정신은 변증법적 발전 법칙에 따라 자신의 본질을 실현시킨다는 것입니다.

유물사관은 마르크스와 엥겔스가 주장한 사관으로 사회의 경제적 토대가 비경제적 상부 구조를 결정한다는 사관입니다. 또한 계급을 역사 변혁의 주체로 생각하며 계급투쟁을 통해 역사 발전을 설명하고 있습니다.

문명사관은 토인비를 중심으로 한 문명론자들이 주장한 것으로 문명들의 성장과 소멸이 역사의 과정이며, 각각의 문명들은 독자적인 발전 단계를 가진다고 봅니다. 또한 문명들의 탄생과 몰락은 순환적으로 전개된다고 주장합니다.

역사주의의 새로운 변형이란 역사주의가 갖고 있는 부정적 측면을 제거하고 역사주의의 긍정적 측면을 최대한 살려서 새로운 이론 체계를 만들자는 의미입니다. 역사주의의 부정적 측면이란 역사가 인간의 노력과는 관계없이 미리 결정되어 있다는 역사 결정론을 의미하며, 긍정적 측면이란 역사적 사실을 그것이 발생한 역사적 맥락 속에서 이해해야 한다는 주장을 말합니다.

[질문 15] "역사 이해에서 사관은 너무나 중요하다."고 했습니다. 올해는 '광복 70년'이 되는 해입니다. 우리나라 역사 교육에서 '식민사관'의 오류를 시정할 수 있는 방안에 대한 선생님의 견해를 듣고 싶습니다.

[답변] 식민사관의 오류는 민족사관을 주장하는 역사학자들에 의

해서 충분히 시정된 것으로 생각합니다. 민족주의 사학자들의 논문이나 책들을 참고하는 것이 좋을 것 같습니다. 지금은 오히려 민족사관에만 너무 폐쇄적으로 매몰되지 않도록 경계해야 한다고 생각합니다.

[질문 16] 안중근 의사를 우리는 독립투사로, 일본은 테러리스트로 보는 현상을 어떻게 설명해야 할까요? 그리고 토인비의 사관에 대해 자세히 말씀해 주셨으면 합니다.

[답변] 안중근 의사가 이토 히로부미를 저격했을 때, 인도의 독립운동가이면서 비폭력 운동을 주도했던 간디는, 그 당시 두 사람 모두를 비판하는 글을 썼습니다. 이토 히로부미에 대해서는 다른 나라를 무력으로 침략했기 때문에 잘못되었다고 비판했고, 안중근에 대해서는 폭력으로써 저항했다는 점에서 비판했습니다.

저는 간디의 주장에 동의하지 않습니다. 왜냐하면 폭력은 공격적 폭력일 수도 있고 방어적 폭력일 수도 있습니다. 이때 공격적 폭력은 나쁜 것이지만, 방어적 폭력은 정당방위의 일환으로 간주되어야 한다고 생각하기 때문입니다.

안중근 의사는 우리의 입장에서는 독립투사이고, 일본인의 입장에서는 테러리스트로 보는 것이 상식이라 생각됩니다. 그러나 당사자들의 시각뿐만 아니라 더 넓은 시각, 즉 동아시아의 시각이나, 세계사의 시각에서 평가해야 제대로 된 평가라고 생각합니다. 20세기가 제국주의 침략에 저항하는 저항적 민족주의의 시대였다는 점을 감안하면, 세계사의 관점에서는 안중근을 민족주의자로 규정할 수밖에 없을 것입니다.

토인비의 사관은 문명사관입니다. 위의 문명사관에 대한 답변을 참고하시기 바랍니다.

[질문 17] 볼테르는 자신의 출발점을 중국으로 잡았다고 하셨습니다. 이런 관점이 볼테르의 『국민정신과 풍속론』에 나와 있는지요? 볼테르는 중국에 대한 지식을 어떤 책을 통해 얻었는지요?

[답변] 볼테르는 보편사를 설명하기 위해 그의 이 저서에서 기독교 중심의 섭리사관을 완전히 배제하고 새로운 시각에서 역사를 보았습니다. 볼테르가 어떤 책을 통해서 중국에 대한 지식을 얻었는지는 불분명하지만, 예수회에서 청 제국에 대한 보고서를 보낸 것을 토대로 중국에 대한 지식을 익힌 것으로 추정됩니다.

[질문 18] 일상생활에서 개인의 자서전이 회고록인가 참회록인가를 독자가 생각해 볼 때, 그 글을 기록하고 서술해 나가는 작가의 마음가짐이 매우 중요하다고 생각해 봅니다. 역사란 그것을 바라보고 서술해 나가는 기록자의 입장이 반영되었을 때, 역사서를 읽

는 독자에게 큰 혼란을 가져오기도 합니다. 사관이라는 개인이 가진 가치관과 지켜야 할 마음가짐에 대해 교수님의 의견을 듣고 싶습니다.

[답변] 자서전에는 여러 가지 형태가 있을 수 있습니다. 자신을 변호하고 자기 자랑만 하는 자서전도 있을 수 있고, 역사를 정확하게 기록으로 남기기 위해 쓴 자서전도 있을 수 있습니다.

역사적 가치가 있는 자서전은 후자에 국한될 것입니다. 물론 대다수의 회고록은 이 두 요소를 함께 갖고 있는 경우가 많습니다. 전직 대통령이 자신의 임기 중에 일어난 일들을 기록한 회고록이 종종 구설수에 오르는 것은 이런 이유 때문입니다.

▣ 세계화

[질문 19] 콜럼버스가 신대륙을 발견하고 원주민 수천 명을 죽이고, 청일전쟁으로 일본이 중국인을 학살하고, 일본이 조선을 합병한 것이 세계 문명의 흐름이라고 본다면, 그 상황에서는 어쩔 수 없는 문명이라고 본다면, 우리가 굳이 일본을 욕하고 사죄하라고 강요하는 것이 좀 이상하다는 생각이 듭니다. 어떻게 생각하시는지요?

[답변] 우월한 문명의 식민지 통치에도 잔인성에서 차이가 있을

수 있습니다. 예컨대, 영국의 인도 지배가 일본의 조선 지배와 꼭 같지는 않았습니다. 또한 현실의 세계가 힘의 논리로 진행된다고 할지라도 우리는 그 현실의 세계에 대해서 윤리적으로 비판할 수 있습니다. 사실과 가치는 다른 차원이기 때문입니다. 말하자면, 현실은 힘의 논리가 지배하지만, 약자는 윤리적 차원에서 그 힘이 정당하지 않다고 비판할 수 있습니다. 이것이 이성의 역할이며 이성적 존재인 한 이런 비판을 무시할 수가 없습니다.

뿐만 아니라 우리가 일본에 대해 사죄를 계속 요청하는 것은 앞으로 그런 일이 반복되어서는 안 된다는 우리의 바람 때문이기도 합니다.

[질문 20] 제레미 리프킨은 그의 저서 『소유의 종말』에서 세계화는 '소유의 시대'에서 '접속의 시대'로 이행하며 '공유경제'로 간다고 했습니다. '접속의 시대'와 '공유경제'의 개념에 대한 설명을 부탁드립니다.

[답변] 소유의 시대는 정보나 기술의 독점을 통해서 이득을 냈던 과거 시대를 말합니다. 접속의 시대란 정보 기술의 발달로 모든 정보가 네트워크로 연결되고 공유되면서 그러한 공유 자체가 서비스를 새로 만들어 내고, 그 서비스를 통해서 수익 구조를 창출할 수 있는 시대를 말합니다. 공유경제란 이러한 시대에 정보나 기술의

공유를 통해서 새로운 가치를 만들어 내고, 이러한 가치를 이익으로 환산할 수 있는 경제 모델을 말합니다.

[질문 21] 세계화(Globalization)와 지역화(Localization)는 상반된 관계인가요, 상호 보완적인 관계인가요? 상호 보완적인 관계로 양립하려면 어떻게 해야 하나요?

[답변] 세계화와 지역화는 원래는 상반된 개념입니다. 그렇지만 이 두 개념을 합해서 세계지역화, 즉 글로칼리제이션(Glocalization)이라고 부르게 되었을 때, 이들은 상호 보완적 관계로 전환되었습니다. 이 말의 의미는 세계화가 되면 될수록 지역화도 강화된다는 것입니다. 세계화 시대라 해서 모두 것이 보편화되는 것은 아니고, 이런 때일수록 지역적인 특성이 가치를 가질 수도 있다는 것입니다. 이 때문에 양면을 함께 보는 넓은 시각이 필요합니다.

[질문 22] 지금 빠른 속도로 진행되고 있는 세계화의 추세와 국경을 초월한 세계지역화(Glocalization)의 추세로 보아 앞으로도 국민국가(민족국가) 단위의 역사가 계속될 것으로 보시는지, 아니면 경제권·생활권·문화권·종교권·언어권 등으로 밀접해진 지역화에 의해 국경 없는 지역 역사를 공동 연구하는 지역 역사가 대세를 이룰 것인지요?

[답변] 세계화가 진행될수록 하나의 지구촌이 더욱 심화되게 되고, 이렇게 되면 역사도 국민국가의 단계를 넘어서는 넓은 관점에서 바라볼 필요가 있을 것입니다. 아마 모든 나라가 자국의 역사를 세계사의 시각에서 바라보아야 제대로 이해가 되는 시대가 오고 있으며, 앞으로 이런 요구는 더욱 강화될 것으로 예상합니다.

[질문 23] 세계화의 진전에 따라 정치적 분할구도가 어떻게 재정립될 것으로 생각하시는지요? 또한 세계화의 진전에 따라 경제적 통합구도는 심각한 빈부 양극화 현상을 나타내는데, 어떻게 이 문제가 해결될 것으로 생각하시는지요?

[답변] 세계화의 진전에 따라 세계의 정치권력이 어떻게 나누어질지 정확하게 예측하기는 힘들지만, 종래는 하나의 세계정부로 귀착하게 되지 않을까 예상해 봅니다.

한 국가 내의 빈부 양극화 현상과 마찬가지로 국제 간에도 빈부 양극화 현상은 발생하고 있습니다. 국제 간의 양극화는 일단 UN 같은 세계기구를 통해서 해결되어야 될 것으로 봅니다. 우리는 지금까지 한 국가 내에서만 사회정의를 이야기해 왔지만, 앞으로는 국제 간의 정의에 대해서도 심각하게 논의해야 할 것입니다.

[질문 24] 탈레반과 이슬람국가 주의를 단순히 서구 문명에 대한

저항으로 볼 것인지요? 아니면 이것도 세계화의 과정으로 봐야 하는지요?

[답변] 탈레반은 서구 문명에 대한 극단적 배척세력으로 해석됩니다. 그렇지만 이슬람 국가 내에서도 서구 문명을 수용하여 근대화해야 된다는 주장도 있습니다. 이란이 이슬람 문명을 정통적으로 옹호하는 대표적인 입장이라면, 터키는 서구 문명의 과학기술과 제도들을 적극 수용해야 한다는 입장입니다. 현재 이슬람국가들의 가장 큰 고민은 서구 문명을 어느 정도까지, 어떻게 수용할 것인지에 대한 문제라고 할 수도 있습니다.

[질문 25] 한반도를 둘러싸고 일어나고 있는 국가 간의 힘의 대결은 문명이 100년 전 제국주의로 되돌아가는 것 같은 느낌을 금할 수 없습니다. 최근의 이러한 사태에서 역사가 발전하고 진보한다고 볼 수는 없는데, 선생님께서는 한반도 주위의 이러한 사태를 어떻게 해석하시는지요? 나아가 한반도는 이 속에서 어떤 길을 모색해야 살아남을 수 있겠습니까?

[답변] 지정학적 구조는 100년 전과 비슷하지만 우리의 위상이 옛날과 같지 않기 때문에, 역사가 똑같이 반복된다고 하기는 어려울 것입니다. 100년 전 조선은 세계의 오지였습니다. 하지만 현재의

대한민국은 후발 근대화에 성공한 나라이며 세계가 부러워하는 나라입니다.

우리가 살 길은 새로운 문명의 중심부의 일원이 되는 것이라고 봅니다. 이제 우리는 모든 영역에서 빠른 추격자의 위치로부터 선도자의 길로 나서야 합니다. 우리가 세계 문명의 주류흐름에서 떨어져 나와 다시 변방으로 밀려나면, 과거의 비극적 역사가 재연되지 않는다고 장담할 수도 없을 것입니다.

▣ 열린 문명

[질문 26] 토인비의 '문명순환론'과 헌팅턴의 '문명충돌론'의 차이점은 무엇인지요? 하랄드 뮐러는 헌팅턴의 문명충돌론을 부정하고 이상주의에 기초한 『문명의 공존』에서 '문명공존'이 가능하다고 주장했습니다, 그는 세계에 존재하는 다양한 문화들을 7~8개의 문명으로 한데 묶은 것부터가 잘못된 시도라고 했습니다. 정수일 씨는 문명 간의 차이를 문명 본연인 양 착각하고 문명 간의 상생관계를 상극관계로 오도하고 있다고 주장했습니다. 이런 이론에 동조하시는지요? 교수님께서 주장하신 '문명의 융합 방법'에 대한 고견을 듣고 싶습니다.

[답변] 토인비는 이 지구상에 20여 개의 문명이 존재했으며, 문명들은 하나의 생명체와 같이 탄생, 성장, 쇠퇴, 사멸의 길을 걷는다

고 주장합니다. 한 문명이 사멸하면, 새로운 문명이 탄생합니다. 이것이 문명 순환론입니다. 헌팅턴은 현재의 세계를 8대 문명으로 나누고, 이들이 서로 부딪칠 수 있는 가능성을 이야기합니다. 특히 서구와 이슬람의 충돌을 강조합니다. 이것이 문명 충돌론입니다.

저는 문명들의 충돌이나 공존을 세계화의 본질로 보지는 않습니다. 지구촌 시대에 옛날과 같은 공존은 유지되기 어렵다고 보며, 일시적으로 충돌이 발생한다 해도 세계화가 진전되면 전면적인 융합이 이루어 질것이라고 봅니다.

저의 문명 융합론은 문화 유전자 이론에 기초해 있습니다. 문화 유전자는 문화를 구성하는 최소 단위입니다. 전자미디어를 타고 전 세계를 떠다니는 문화 유전자를 통해, 문명의 융합이 가능해진다는 것이 저의 이론입니다. 정수일 씨의 문명 상생론은 문명의 융합과 공존을 동시에 주장하는 것 같아 보입니다. 저의 문명 융합론은 융합 쪽에 무게 중심을 두고 있습니다.

[질문 27] "열린 문명론"은 잘 들었습니다. 그런데 융합을 너무 강조하다 보면 각 문명의 색깔이 없어지는 것은 아닐까요? 밥에 물을 말으나 물에 밥 말으나 결국 같아지는, 즉 색깔이 없어지는 것은 아닐까요? 새롭게 창조되어야 하는 것은 '무엇'인지, 그 점을 좀 더 명확히 해야 하지 않을까요? 문제 해결의 새로운 표준이 무엇이 돼야 하는지요?

[답변] 각 문명의 색깔은 없어진다 해도 우리 모두가 바라는 새로운 색깔이 창조되면 좋은 일이지 않을까요? 꼭 옛날 색깔을 제각기 지녀야만 좋은 세상일까요? 예컨대 싸이의 강남스타일같이, 새롭게 창조되는 것은 모두가 공감하는 무엇일 것입니다. 열린 문명에서의 문제해결 표준은 어떤 민족이나 국가가 아니라 인류의 관점에서 모두가 자유와 평화를 누리면서 박애 속에 사는 것이 될 수 있을 것입니다.

[질문 28] 열린 문명을 주장하는 외국의 다른 학자가 있는지요? 있다면 조금 더 자세하게 소개 부탁드립니다.

[답변] 〈열린 문명〉이라는 표어를 내건 학자는 아직 보지 못했습니다. 그렇지만 내용상 비슷한 주장을 하는 학자들은 있을 것으로 생각됩니다.

[질문 29] 열린 문명은 결국 세계화, 서구화가 아닌가요? 왜냐하면 우수한 문명이 열등한 문명에 파고 들어가 동화시켜 버리기 때문입니다.

[답변] 열린 문명은 여러 지역문명들을 포괄하는 새로운 보편문명입니다. 이것은 현재 진행형이므로 어떤 식으로 진행될지 예단하기

는 어렵겠습니다. 그렇지만, 만약 서구 문명이 다른 문명보다 본질적으로 우수하다면, 열린 문명 내에서도 서구 문명은 다른 문명에 비해 영향력이 큰 지역 문명이라고 해야 하겠지요.

[질문 30] 교수님께서 주장하시는 문명융합주의는 동·서양 문명을 보는 관점과 지향점 등이 명확하게 구분되는 현실에서 이론적으로는 타당하다고 여겨집니다. 그러나 지구촌시대에 '힘의 논리'가 세계의 정치·경제·사회·문화 등의 모든 분야를 지배되고 있는 현실에서 이 이론의 정립과 전파는 어렵다고 보입니다. 이에 대한 교수님의 입장은 무엇인지요?

[답변] 물론 현실에서 힘의 논리는 무시하지 못할 것입니다. 그렇지만 정치, 경제의 논리가 현실의 모든 국면을 지배하지는 못한다고 봅니다. 문화의 영향력이 더욱 커지는 시대에 우리는 살고 있습니다. 한류가 전 세계에 수출되고 김치가 전 세계인의 식탁에 오르는 것은 힘의 논리에 의해서는 아닐 것입니다. 동남아나 중앙아시아에서의 한국 드라마의 영향력이나 스티브 잡스가 동양의 선 불교에서 얻은 깨달음을 접목시켜 디자인해서 세계 컴퓨터 업계를 선도한 매킨토시나 아이폰 등의 콘텐츠 또한 힘이라고 할 수 있을 것입니다. 문명의 융합은 이렇게 서로의 장점을 받아들여 새로운 것으로 나아가는 것입니다.

■ 기 타

[질문 31] 한·일, 한·중 역사 왜곡을 어떻게 해결할 수 있겠습니까?

[답변] 가장 좋은 방법은 국가의 권력으로부터 자유로운 역사학자들이 학문적으로 역사를 공동연구하는 일이라고 생각합니다. 역사논쟁을 이데올로기 논쟁이 아니라 이론의 논쟁으로 환원시켜야 역사왜곡을 해결할 수 있을 것입니다.

[질문 32] 중국은 동북공정에 열을 올리고 있고, 일본은 한국 역사 전체에 대한 왜곡을 하고 있습니다. 이들 두 나라가 주장하는 것, 즉 역사는 '속지주의'입니까, 아니면 '속인주의'입니까?

[답변] 속지주의나 속인주의는 역사에서 사용하는 전문용어는 아닌 것으로 생각됩니다만, 굳이 말한다면, 현재 중국의 영토 안에 존재했던 모든 민족들의 과거사는 중국 역사의 일부라고 주장한다면, 속지주의라고 해야 되겠지요.

[질문 33] 일본 정부가 독도를 일본 땅이라고 주장하는 이유는 무엇이라고 생각하십니까? 일본 정부의 관점에서 설명해 주셨으면 합니다. 혹시 2차 대전이 끝난 1952년 발효된 샌프란시스코 조약

에, 일본이 돌려줘야 할 섬 목록에서 미국이 독도를 뺀 것이 결정적 원인이 된 것이 아닌지요?

[답변] 일반적으로 알려져 있기로는 일본의 주장은 독도가 역사적으로 자신의 영토라는 것입니다. 아마도 샌프란시스코 강화조약에 독도가 빠져 있다는 사실을 일본은 자기 나름으로 해석하여 자신의 주장을 위해 십분 활용하는 것으로 추측되기도 합니다. 샌프란시스코 강화조약에는 〈일본은 한국의 독립을 인정하고 제주도, 거문도, 울릉도를 포함한 한국에 대한 모든 권리, 자격, 영유권을 포기한다〉고 되어 있습니다.

독도 문제에 대해서는 동북아 역사재단의 독도 전문가에게 정확하고 자세한 답을 듣는 것이 좋을 것 같습니다

[질문 34] 1961년 세계화를 기치로 연호를 단기에서 서기로 바꾸었습니다. 단기 연호도 사실 해방 이후 10여 년 사용된 연호라고 생각됩니다. 식민사회를 탈피하여 고유 민족의 전통을 계승한다는 의미가 있었다고 봅니다. 일찍이 서양 문명을 수용한 일본도 천황연호를 지키면서도 개혁할 수 있었습니다. 그래서 서구 문명을 수용하여 발전을 도모하더라도 민족의 주체성은 지켜야 한다고 생각합니다. 금년이 대한민국 국호를 사용한 96년째입니다. 이제라도 우리 연호를 복원하여 민족의 정체성을 회복하는 것에 대한 교수님의

생각은 어떠신지요?

[답변] 좋은 의견입니다. 서기로 표기하기 시작한 것은 근대화를 서구화와 동일시한 측면이 있습니다. 서기와 단기를 혼용해서 사용하는 것은 바람직해 보입니다.

[질문 35] 소비에트 연방 붕괴와 해체 이후 동구권에서 시작된 공산주의 붕괴의 도미노로 공산주의는 완전히 몰락하고 지구상에는 이념 투쟁이 없어지나 했지만, 아직도 러시아와 중국, 특히 북한에서는 공산주의 이념이 계속되고 있습니다. 교수님께서는 앞으로 언제쯤 이념 투쟁이 없는 평화로운 지구가 될 것으로 예상하시는지요?

[답변] 이념 투쟁은 계속된다고 보는 것이 합리적일 수 있습니다. 이념의 투쟁이란 이해관계의 투쟁이며, 이해관계의 대립은 언제나 계속된다고 할 수 있기 때문입니다. 그러므로 자유주의와 공산주의 투쟁이 종식된다 해도, 새로운 이념의 갈등은 다시 나타날 수 있습니다. 물론 역사의 진전에 따라 투쟁의 범위나 정도를 줄일 수는 있겠지만, 투쟁이 전혀 없는 평화로운 지구는 아마 역사의 종말에서나 가능할지 모릅니다.

[질문 36] 우리나라 역사 문제에 갈등이 많은 이유는 무엇이라고 생각하십니까?

[답변] 남북 분단 때문에 이념의 갈등이 심각하기 때문입니다.

[질문 37] 우리나라 정치인이나 사회운동가들의 행태와 사관에 대한 질문입니다. 먼저 소위 진보 쪽에서는 한국의 현대사를 퇴보했다고 주장하는 반면에, 소위 보수 쪽에서는 좌파 내지 공산주의자들(특히 북한 공산주의)의 폭력과 전쟁도발 행위에 대처하기 위해 독재체제도 불가피했다고 주장하고 있습니다. 이런 주장에 대해 어떻게 생각하십니까?

[답변] 이념의 관점에서만 역사를 해석하는 것은 매우 위험하다고 할 수 있습니다. 역사를 왜곡하기 쉽기 때문입니다. 역사는 사실의 차원, 과학의 차원에서 접근해야 된다고 봅니다. 특히 세계사의 큰 흐름 속에서 우리의 현대사를 바라봐야 한다고 생각합니다.

[질문 38] 역사를 볼 때 일어난 일은 하나지만 결과는 다양한 관점에서 해석되곤 합니다. 이렇게 발생하는 상이한 시각과 서로 이해하며 공존할 수 없을까요? 독일이 주변 국가와 교과서 공동연구를 한 것처럼 현 정부가 '한중일 3국의 역사공동연구'를 추진한다는 발

표를 본 일이 있습니다. 현재 어떻게 추진되고 있으며 이에 대한 교수님의 의견을 말씀해 주십시오.

[답변] 유럽연합이 공동의 역사교과서를 편찬했다는 것은 시사하는 바가 크다고 할 수 있습니다. 동아시아의 한중일 삼국도 서로 주고받아 온 영향이 크므로 한중일 삼국의 역사 공동연구는 매우 바람직하다고 생각합니다.

[질문 39] 고등학교 근현대사 비율 축소에 대한 논쟁이 심한 걸로 알고 있습니다. 교육전문가를 배제한 근현대사 시안에 대해 교수님은 어떻게 생각하시는지요? 그리고 4·19혁명 이후 경제성장을 내세우며 민주화·산업화를 하나로 묶는 것은 타당한가요? 사학계의 원로들, 소장파 학자들이 끝장토론을 통해서라도 누구나 인정할 수 있는 객관적인 사실의 근현대사 교과서를 집필하는 것이 불가능할까요?

[답변] 객관적 사실에 입각한 근현대사 교과서가 불가능하다고 생각하지는 않습니다. 노력을 기울이면 얼마든지 가능하다고 생각합니다. 또한 광복 후 근대화세력은 산업화와 민주화를 동시에 추구해 왔다고 할 수 있습니다. 물론 어느쪽에 주안점을 두었는가는 논할 수 있다고 봅니다. 말하자면 산업화가 성공하고 나서 그 바

탕 위에서 민주화가 진행되었다는 시차는 무시할 수 없지만, 산업화와 민주화를 완전히 분리하여 이원적으로 생각할 이유는 없다고 봅니다.

[질문 40] 광범위한 질문이 되겠지만, 아주 좋은 교과서를 쓰려면 어떠한 과정이나 장르를 구성해야 되는지요?

[답변] 먼저 누구나 인정할 수 있는 검증된 최고 전문가들을 뽑아서 집필 팀을 만드는 일이 가장 중요합니다. 훌륭한 역사 교과서를 만들어 낸 선진 여러 나라의 사례를 잘 참고할 필요가 있겠습니다. 교과서를 쓰는 일은 아무나 할 수 있는 일이 아닙니다.

[질문 41] 이 시대에 사는 사람으로서 이 시대 역사적 사건에 대해 후대에 어떤 역사적 책임을 져야 하나요? 아니면 전혀 책임을 지지 않아도 될까요?

[답변] 우리가 역사의 창조자라고 생각한다면 이 시대의 역사적 사건은 이 시대에 사는 사람들의 책임이라고 생각됩니다. 물론 한 시대의 책무를 어떤 개인이 통째로 짊어질 수는 없겠지만, 누구든 결국 1/N 책임은 피할 수 없다고 봅니다. 사회 지도층이라면 물론 더 큰 책임을 져야 할 것입니다. 귀족의 책무(노블리스 오블리즈)라는

말은 이런 의미입니다.

[질문 42] 일반적으로 철학에서는 주체(나)와 객체(타자) 논리로 설명하곤 합니다. 역사철학에서는 주체와 객체를 이야기할 수 있습니까?

[답변] 이야기의 맥락에 따라 주체와 객체는 다양하게 이야기할 수 있습니다. 민족사관에서는 신채호 선생님이 말했던 것처럼 역사는 아(주체)와 비아(객체)의 투쟁사라고 할 수도 있고, 일반적인 역사 이해의 과정에서는 주체를 역사가로 객체를 사실이라고 할 수도 있겠습니다.

[질문 43] 객관적 역사관과 실용적 역사관이 중요하다고 하셨는데, 그렇다면 정부에서 이 정책을 추진하면 되는데 일반 여론에 의존하려는 것은 왜 그렇습니까?

[답변] 역사를 이해하고 역사를 이야기하는 일은 역사 전문가의 일만도 아니고, 정부의 일만도 아니라고 할 수 있습니다. 역사의 이해는 주체성의 형성과도 밀접한 연관을 갖습니다. 말하자면 어떤 국가의 국민이 되려면 그 국가의 역사를 알아야 합니다. 이 때문에 일반인들도 역사를 제대로 정확하게 이해할 필요가 있으며, 올바른

여론의 형성도 중요하다고 생각합니다. 물론 역사적 사실에 대한
최종적인 유권해석은 전문 역사가의 몫이 되겠습니다.

_주석

서론 ─────

01 Francois Dosse, *L'Historie*, Armand Colin/HER, 2000; 최생열 옮김, 『역사철학』, 동문선, 2004, 115쪽.

제1부

1장 ─────

01 에드워드 카의 『역사란 무엇인가』에 대한 국내 연구서로는 김기봉, 『'역사란 무엇인가'를 넘어서』, 푸른역사, 2000; 김현식, 『포스트모던 시대의 '역사란 무엇인가'』, 휴머니스트, 2006 등이 있다.
02 소광희, 저작선집1 『시간의 철학적 성찰』, 문예출판사, 2016, 271쪽 이하 참조.
03 이한구, 『역사학의 철학』, 민음사, 2007, 서론 1쪽 이하 참조.
04 Georg Hegel, *Vorlesungen über die Philosophie der Geschichte*, Werke 12, Frankfurt am Main: Suhrkamp Verlag, 1970; *The Philosophy of History*, (trans.) J. Sibree, Kitchener: Batoche Books, 2001, 14쪽 이하.
05 Henry Molaison(1926-2008) 사건은 처음 익명을 사용했던 관계로 H.M.사건으로 알려져 있다.
06 이 절은 이한구, 『역사학의 철학』, 민음사, 2007, 〈1부 1장〉(15-35쪽)에서 다룬 내용을 기초로 재구성한 것이다.
07 Adam Schaff, *History and Truth*, Oxford: Pergamon Press, 1976, 77쪽 참조; 김택현 옮김, 『역사와 진실』, 청사, 1982.
08 위의 책, 2장, 80쪽 참조.

2장 ─────

01 〈현재주의〉 부분은 이한구, 『역사학의 철학』, 민음사, 2007 〈1부 2장〉(35-62쪽)에서 다룬 내용을 기초로 다시 정리한 것이다.
02 Benedetto Croce, 'History and Chronicle,' (ed.) Patrick Gardiner, *Theory of History*, The Free Press, 1959, 227쪽.
03 위의 책, 227쪽.
04 위의 책, 230쪽.
05 위의 책, 227쪽.
06 Robin G. Collingwood, *The Idea of History*, New York: Oxford University Press, 1956, 217쪽; 소광희 역, 『역사의 인식』, 경문사, 1990.
07 위의 책, 248쪽.

08 김현식, 『포스트모던 시대의 '역사란 무엇인가'』, 휴머니스트, 2006, 60쪽.

09 Hans-Georg Gadamer, *Wahrheit und Methode*, Tübingen: J. C. B. Mohr, 1960, 261쪽; 이길우역, 『진리와 방법 1』, 문학동네, 2000.

10 Martin Heidegger, *Sein und Seit*, Max Niemeyer, 1926, 150쪽; 소광희 옮김, 『존재와 시간』, 경문사, 1995.

11 Hans-Georg Gadamer, *Wahrheit und Methode*, Tübingen: J. C. B. Mohr, 1960, 267쪽.

12 〈실용주의〉 부분은 이한구, 『역사학의 철학』, 민음사, 2007, 1부 3장(63-86쪽)에서 다룬 내용을 기초로 재구성한 것이다.

13 William James, "What Pragmatism Means," *Philosophy in the Twentieth Century; An Anthology*, Vol.1, (ed.) William Barrett and Henry Aikin, New York: Random House, 1962, 183쪽.

14 이유선, 『실용주의』, 살림출판사, 2008, 10쪽 이하 참조.

15 Howard O. Mounce, *The Two Pragmatisms; From Pierce to Rorty*, London & New York: Routledge, 1997, 160쪽.

16 Carl Becker, "The Detachment and Writing of History," Atlantic Monthly, 106 October, 1910, 527쪽 이하.

17 Adam Shaff, *History and Truth*, New York: Pergamon Press, 1976, 194쪽.

18 Carl Becker, "What are Historical Facts," Western Political Quarterly, No.3, 1955; (ed.) Hans Meyerhoff, *The Philosophy of History in Our Time*, New York: Doubleday & Company, Inc., 1959, 120쪽.

19 Richard Rorty, 「상대주의: 발견하기와 만들기」, 김동식 엮음, 『로티의 철학과 과학』, 철학과 현실사, 1997, 205쪽 이하.

20 Richard Rorty, *Contingency, Irony and Solidarity*, Cambridge Univ. Press, 1989; 김동식·이유선 옮김, 『우연성, 아이러니 그리고 연대성』, 민음사, 1996, 58쪽.

21 Carl Becker, "What are Historical Facts," Western Political Quarterly, No.3, 1955; (ed.) Hans Meyerhoff, *The Philosophy of History in Our Time*, New York: Doubleday & Company, Inc., 1959, 120쪽 이하 참조.

22 Georg G. Iggers, *Historiography in the Twentieth Century, From Scientific Objectivity to the Postmodern Challenge*, Hanover: University Press of New England, 1997; 임상우·김기봉 옮김, 『20세기 사학사』, 푸른역사, 2000, 10장 참조.

23 Lynn Hunt et al., 김병화 역, 『역사가 사라져 갈 때』, 산책자, 2013; 282쪽.

24 Max Horkheimer & Theodor Adorno, *Dialektik der Aufklärung: Philosophische Fragmente*, S. Fisher Verlag GmbH, 1969; 김유동 옮김, 『계몽의 변증법』, 문학과지성사, 2001, 23쪽.

25 Michel Foucault, *Power/Knowledge*, New York: Phantheon, 1981, 131-133쪽.

26 참조, 신승환, 『포스트모더니즘에 대한 성찰』, 살림출판사, 2013. Penelope Deutscher, *How to Read Derrida*, Granta Publications, 2005; 변성찬 옮김, 『How to Read 데리다』, 웅진 지식하우스, 2007; Keith Jenkins, *Re-Thinking History*, Hyean Pubishing Company, 1991; 최용찬 옮김, 『누구를 위한 역사인가』, 혜안, 1999.

27 정대현, 『이것을 저렇게도』, 세창출판사, 2013, 77쪽.

28 〈서사주의〉 부분은 이한구, 『역사학의 철학』, 민음사, 2007, 1부 4장(87-112쪽)에서 다룬 내용을 기초로 재구성한 것이다.

29 Walter B. Gallie, *Philosophy & The Historical Understanding*, Schocken Book: New York, 1968, 22쪽.

30 Louis Mink, *Historical Understanding*, Cornel University Press, 1987, 199쪽.

31 Arthur Danto, Analytical Philosophy of History, Cambridge University Press, 1965, 111쪽.

32 Paul Recoeur, 'Dialogue'[1981 interview], in dialogue with Contemporary Continental Thinkers, (ed.) Richard Kearny, *'Dialogue'*, Manchester, 1984, 17쪽. Yet Ricoeur rejects Anglophone philosopers' reduction of history to a species of 'story' ("Intellectual Autobiography," 45-46쪽). 이 내용은 Elizabeth A. Clark, *History, Theory, Text*, Harvard University Press, 2004, 90쪽에서 재인용한 것임.

33 조남현, 『소설신론』, 서울대학교출판부, 2004, 113쪽.

34 Roland Barthes, *Writing Degree Zero and Elements of Semiology*, (ed.) A. Lavers and C. Smith, London: Cape, 1967, 26쪽.

35 바르트는 이야기 속에서 시간성은 단지 체계의 형식 속에 존재하고, 참된 시간이란 언어의 실재효과에 불과한 것으로 이해한다. 언어의 실재효과란 언어에 의해 실재하는 것처럼 보인다는 것이다. Roland Barthes, *Image Music Text*, (ed.) S. Heath, London: Frontana, 1977, 98쪽.

36 Roland Barthes, "Introduction to the Structural Analysis of Narratives," *Image Music Text*, (ed.) Stephen Heath, London: Fontana, 1977, 79쪽.

37 위의 책, 123쪽.

38 Roland Barthes, 'Historical Discourse,' in *Introduction to Structuralism*, (ed.) M. Lane, New York: Basic Books, 1970, 153쪽.

39 Hayden White, *Metahistory: The Historical Imagination in Nineteenth-Century Europe*, Johns Hopkins University Press, 1973, 6쪽.

40 위의 책, 29쪽. 화이트는 이런 세 종류의 설명 각각에 대해 세분화를 시도한다. 즉, 이야기 줄거리 구성에 의한 설명 양식은 로맨스, 희극, 비극, 풍자로 형식적 논증에 의한 설명은 형태주의, 기계주의, 유기체주의, 맥락주의로 세분화하며, 이데올로기 함축에 의한 설명은 무정부주의, 급진주의, 보수주의, 자유주의로 세분화한다.

41 Northrop Frye, *Anatomy of Criticism: four essays*, Princeton University Press, 1957; 임철규 옮김, 『비평의 해부』, 한길사, 2000, 323쪽.

42 위의 책, 326쪽.

43 위의 책, 96쪽. 로맨스의 의미를 확정지은 프라이는 산문 픽션을 소설(Novel), 로맨스(Romance), 해부(Anatomy), 고백(Confession)이라는 네 가지 범주로 나눈다.

44 위의 책, 98쪽.

45 위의 책, 401쪽.

46 Hayden White, Metahistory: The Historical Imagination in Nineteenth-Century Europe, JHU Press, 1975, 8쪽.

47 김기봉, 『역사들이 속삭인다』, 프로네시스, 2009, 21쪽; 참조, 김기봉, 『히스토리아, 쿠오바디스』, 서해문집, 2016.

48 위의 책, 22쪽.

3장 ───────

01 〈고전적 객관주의〉 부분은 이한구, 『역사학의 철학』, 민음사, 2007, 〈2부 4장(189-218쪽) 역사인
식의 객관성을 어떻게 확립할 것인가〉에서 다룬 내용을 기초로 재구성한 것이다.

02 참조, 이한구, 『지식의 성장』, 살림, 2004, 14쪽 이하.

03 Karl Popper, *The logic of scientific discovery*, London: Hutchinson, 1968, 110쪽; 참조, 엄정식,
『격동의 시대와 자아의 인식』, 세창출판사, 2015.

04 Karl Popper, *Conjectures and refutations: the growth of scientific knowledge*, New York:
Harper & Low, 1968, 234쪽; 이한구 옮김, 『추측과 논박1』, 민음사, 2001.

05 Leopold von Ranke, *Sämtliche werke XXIII*, Leipzig; Duncker und Humboldt, 1885, dritte
Auflage, vii쪽; (trans.) Phillip A. Ashworth, *History of the Latin and Teutonic Nations from
1494 to 1514*, Kessinger Publishing, 2004 참조.

06 Leopold von Ranke, *Englische Geschichte vornehmlich im sechzehnten und siebzehnten
Jahrhundert(1859-1868)*, Stuttgart; Koehler, 1955, 「머리말」.

07 Leopold von Ranke, *Sämtliche werke XXIII*, vii쪽 참조.

08 조지형, 『랑케와 카』, 김영사, 2006, 87쪽.

09 John B. Bury, "Inaugural Address: the Science of History"; (ed.) Fritz Stern, *The Varieties of
History: From Voltaire to the Present*, London: MacMillan, 1970, 223쪽.

10 Edward H. Carr, *What is History?*, London: Macmillan, 1962, 1쪽; 김택현 역, 『역사란 무엇인가』,
까치글방, 2007.

11 J. A. Passmore, "The Objectivity of History," (hrsg.) W. Dray, *Philosophical Analysis and
History*, New York: Harper & Row, 1966, 75-94쪽 참조.

12 M. Mandelbaum, "Objectivism in History," (ed.) S. Hook, *Philosophy and History*, New York
University Press, 1963, 45쪽.

13 이 부분은 이한구, 『역사학의 철학』, 민음사, 2007, 〈2부 1장(113-132쪽) 관점의 다양성과 객관적
역사인식은 양립 가능하다〉에서 다룬 내용을 기초로 재구성한 것이다. 참조, Lynn Hunt, Joyce
Appleby, Margaret Jacob, *Telling the truth about history*, Norton, 1994; 김병화 역, 『역사가 사
라져 갈 때』, 산책자, 2013, 330쪽.

14 참조, Richard J. Evans, *In Defence of History*, Granta Books, 1997; 이영석 옮김, 『역사학을 위
한 변론』, 소나무, 1999.

15 참조, 이한구, 『역사주의와 반역사주의』, 철학과 현실사, 2010.

16 H. Putnam, "Truth and Convention: On Davidson's Refutation of Conceptual Relativism,"
Relativism, M. Krantz (ed.), University of Notre Dame Press, 1989, 173쪽.

17 Friedrich Nietzsche, *Zur Genealogie der Moral*, Leipzig: Verlag von C. G. Naumann, 1887; 백
승영 역, 『도덕의 계보』, 서울대학교철학사상연구소, 2005, 483쪽.

18 참조, Lynn Hunt et al., 김병화 역, 『역사가 사라져 갈 때』, 산책자, 2013, 331쪽.

19 『선조실록』 94권, 선조 30년 11월 10일 정유 5번째 기사.

20 『난중일기(亂中日記)』는, 조선 중기의 무신(武臣) 이순신(李舜臣)이 임진왜란(1592-1598년) 동안
군중에서 쓴 일기이다. 일기 7책과 서간첩 1책, 임진장초 1책까지 총 9책으로 구성되어 있다.

21 조선 중기 때의 학자 이항복(李恒福)의 시문집인 『백사집』은 권1~4는 시·가영(歌詠)·만(挽), 권

5〜8은 차(箚), 권9〜12는 계(啓), 권13·14는 의(議), 권15는 잠(箴)·명(銘)·서(序)·기(記)·발, 권
16은 잡저, 권17은 신도비명, 권18〜20은 묘갈명, 권21은 행장·유사·제문, 권22는 서독(書牘), 권
23은 조천기문(朝天記聞)으로 총 30권 15책으로 구성되어 있다.

22 『징비록(懲毖錄)』은 조선 선조 때 영의정을 지낸 류성룡(柳成龍)이 임진왜란 7년 동안의 일을
수기(手記)한 책으로, 『징비록』 상하 2권, 『근포집』 2권, 『진사록(辰巳錄)』 9권, 『군문등록』 2권,
『녹후잡기』 1권까지 총 16권 7책으로 구성되어 있다.

23 『고산공실록(高山公實錄)』의 〈묵기(默記)〉는 명량해전에 참전했던 일본 장수 도도다카도라(藤堂
高虎)가 명량해전의 전투상황 결과를 상부에 올린 보고서이다.

24 참조, Nelson Goodman, *Ways of Worldmaking*, Hackett Publishing Company, 1978, 94쪽.

제2부

01 참조, 육영수, 「역사관이란 무엇인가?」, 한국사학사학회 편, 『21세기 역사학 길잡이』, 경인문화사,
2008, 37쪽 이하.

4장 ────

01 1945년 8월 15일부터 1950년 6월 24일까지 사건들을 시간 순으로 기록한 『광복 1775일』이 이중근
편저로, 2015년 우정문고에서 출간되었다.

02 참조, A. F. Chalmers, *What is This Thing Call Science?*, University of Queensland Press,
1982; 신일철·신중섭 옮김, 『현대의 과학철학 1, 2』, 서광사, 1994.

03 K. Popper, *The Proverty of Historicism*, London: Routledge & Kegan Paul, 1961; 이한구 외 옮
김, 『역사법칙주의의 빈곤』, 철학과 현실사, 2016, 149쪽 이하.

04 Karl Popper, *Conjecture and Refutations: the growth of Scientific Knowledge*, New York &
Evanston: Harper & Row publishers, 1965; 이한구 옮김, 『추측과 논박 1』, 민음사, 2001, 217쪽.

05 James Ladyman, *Understanding philosophy of science*, Routledge, 2001; 박영태 역, 『과학철
학의 이해』, 이학사, 2003, 190쪽 참조.

06 K. Popper, *The Proverty of Historicism*, London: Routledge & Kegan Paul, 1961, 150쪽; 이한
구 외 옮김, 『역사법칙주의의 빈곤』, 철학과 현실사, 2016.

07 〈사관의 세 요소〉 부분은 이한구, 『역사학의 철학』, 민음사, 2007, 4부 2장(347-366쪽)을 기반으
로 재구성한 것이다.

08 John W. N. Watkins, "Historical Explanation in the Social Sciences"; (ed.) P. Gardiner,
Theories of History, New York: The Free Press, 1959, 505쪽.

09 John W. N. Watkins, "Ideal Typus and Historical Explanation"; (ed.) A. Ryan, *The Philosophy
of Social Explanation*, London: Oxford University Press, 1973, 88쪽.

10 Karl Popper, *The Open Society and Its Enemies* Vol. II, New Jersey: Princeton University
Press, 1971, 98쪽.

11 Ernest Nagel, *The Structure of Science*, Hackett Publishing Company, 1979: 전영삼 역, 『과학

의 구조 2』, 아카넷, 2001, 640-643쪽.

12 위의 책, 656쪽.

13 참조. John W. N. Watkins, 'Ideal Typus and Historical Explanation,' 88쪽.

14 Alex Callinices, *Making History: Agency, structure and change in social theory*: 김용학 역, 『역사와 행위』, 교보문고, 1991, 81쪽.

15 Susan James, *The Content of Social explanation*, Cambridge University Press, 1984, 1쪽.

16 Karl Marx, 최형익 역, 『루이 보나파르트의 브뤼메르 18일』, 비르투, 2012, 11쪽.

17 앞의 책, 『역사와 행위』, 33쪽.

18 이 부분은 『역사학의 철학』, 민음사, 2007, 〈4부 2장(347-366쪽) 역사관은 과학적 연구 프로그램으로 정식화될 수 있다〉을 기초로 재구성한 것이다.

19 Karl Popper, *Conjecture and Refutations: the growth of Scientific Knowledge*, New York & Evanston: Harper & Row Publishers, 1965, 37쪽.

20 Imre Lakatos 저, 신중섭 옮김, 『과학적 연구 프로그램의 방법론』, 아카넷, 2002, 57쪽.

21 위의 책, 86-87쪽.

22 위의 책, 313쪽.

23 Imre Lakatos, "Falsification and the methodology of Scientific Research Progammes"; (ed.) Imre Lakatos & Alan Musgrave, *Criticism and the Growth of Knowledge*, Cambridge University Press, 1970, 132쪽; 조승옥 역, 『현대과학철학 논쟁: 쿤의 패러다임 이론에 대한 옹호와 비판』, 아르케, 2002.

24 위의 책, 133쪽. 이론에 대한 반증의 형식은 다음과 같이 진행된다. 이를 후건 부정식이라 한다.
1) 이론(H)→a (구체적 사례)
2)   ~a (a가 아니다)
3) ∴ ~H (H가 틀렸다)

25 위의 책, 135쪽.

26 Alan F. Chalmers, *What this thing Called Science?*, University of Queensland Press, 1982, 80쪽.

5장 ─────────

01 통상 '사관'이라고도 불리는 역사관은 독일어나 영어의 Geschichtsanschauung, Geschichtsauffassung, view of history, conception of history를 의미한다. 이 말은 유물사관(materialstische Geschchtsauffassung)이란 개념이 사용되면서 본격적인 학술어로 정착된 것으로 판단된다. 차하순 교수의 설명에 의하면 역사관 또는 사관이란 말은 중국사학사에서는 유래하지 않고 일본학계로부터 온 것이다. 일본학계의 경우, 배른하임(E. Bernheim, 1850-1942)의 『역사학개론』(*Einleitung in die Geschichtswissenschaft*, 1920)이 번역되어 나오면서 역사관(Geschichtsauffasung)이 사용되기 시작했고, 유물사관(materialistche Geschichtsauffasung)이란 개념이 사용되면서 사관이란 말이 본격적인 학술용어로 등장했다: 『사관이란 무엇인가』, 차하순, 『사관의 현대적 조명』, 청람문화사, 1978 참조.

02 Karl popper, *Conjectures and Refutations*: 이한구 역, 『추측과 논박』, 민음사, 2001, 195쪽 이하.

03 위의 책, 217쪽.

04 위의 책, 208쪽.

05 위의 책, 229쪽.

06 위의 책, 223쪽.

07 〈근대사관의 두 원형〉 부분은 이한구, 『역사학의 철학』, 민음사, 2007, 〈4부 3장(367-390쪽) 계몽주의의 보편적 진보 사관과 역사주의의 개성적 발전 사관은 근대 역사관의 두 원형이다〉를 기초로 재구성한 것이다.

08 Jacques-Bénigne Bossuet, *Discours sur L'Histoire universelle*, Publié à Paris, 1681; *Discourse on Universal History*, Univ of Chicago Press, 1976, 3쪽 이하 참조.

09 Enst Cassirer, *Die Philosophie der Aufklärung*, Tübingen, J. C. B. Mohr, 1932; 박완규 역, 『계몽주의 철학』, 민음사, 1995, 278쪽.

10 위의 책, 289쪽.

11 위의 책, 289-290쪽. 이것은 볼테르가 프리드리히 대왕에게 보낸 1742년 5월 26일자 편지. Leqein판 전집, 51권 119쪽.

12 Marquis de Condorcet, 장세룡 옮김, 『인간정신의 진보에 관한 역사적 개요』, 책세상, 2002, 71쪽.

13 위의 책, 78쪽.

14 위의 책, 149쪽.

15 위의 책, 90쪽.

16 위의 책, 146쪽.

17 Johann G. Herder, 'J. G. Herder on Social and Political Culture,' in *Yet Another Philosophy*; (ed.) F. M. Barnard, Cambridge University Press, 1969, 181-183쪽.

6장 ──────────

01 Georg Hegel, *Vorlesungen über die Philosophie der Geschichte*, (herg.) F. Brunstad, Stuttgart: Philipp Reclam Jun, 1961, 168쪽; 이한구, 『역사주의와 반역사주의』, 철학과 현실사, 2010, 188쪽 이하 참조.

02 Georg Hegel, *Vorlesungen über die Philosophie der Geschichte*, 172쪽.

03 위의 책, 172쪽.

04 위의 책, 173쪽. 헤겔은 기본적으로 역사를 세 단계로 구분했지만 경우에 따라서는 네 단계로 구분하기도 했다. 네 단계로 구분할 경우 자유의식의 관점에서 보면 두 번째 단계와 세 번째 단계는 하나의 단계로 묶을 수 있다.

05 위의 책, 175쪽.

06 Gunnar Skirbekk & Nils Gilje, *Fiosofihistorie*, Scandinavian University Press, 2000; 윤형식 옮김, 『서양철학사1』, 이학사, 2016, 679쪽.

07 John B. Bury, *A History of Freedom of Thought*, Oxford University Press, 1914; 박홍규 역, 『사상의 자유의 역사』, 바오출판사, 2005, 33쪽.

08 위의 책, 76쪽.

09 위의 책, 92쪽.

10 〈유물사관〉 부분은 이한구, 『역사주의와 반역사주의』 철학과 현실사, 2010, 〈2부 3장(202-219쪽) 4. 법칙론적 역사해석의 유형〉에서 다룬 내용을 토대로 재구성한 것이다.

11 참조. Ian Hunt, *Analytical and Dialectical Marxism*, England Aldershot: Avebury, 1993, 104쪽.

12 Gerald A. Cohen, *Karl Marx's Theory of History: A Defence, Princeton*: Priceton University Press, 1978, 34쪽 이하; 박형신·정헌주 옮김, 『카를 마르크스의 역사이론』, 한길사, 2011.

13 Andreas Wildt, "Produktivkraefte und sociale Umwaelzung. Ein Versuch zur Transformation des Historischen Materialismus," (hrsg.) Urs Jaeggi und Axel Honneth, *Theorien des Historischen Materialismus*, Frankfurt am Main: Suhrkamp Verlag, 1977, 221쪽; 윤근식 편저, 『유물론적 역사 이론들』, 성균관대학교 출판부, 1993.

14 Karl Korsch, *Karl Marx*, Frankfurt am Main, 1967, 167쪽 이하; 참조. Urs Jaeggi und Axel Honneth, *Theorien des Historischen Materialismus*, Frankfurt am Main: Suhrkamp Verlag, 1977, 222쪽.

15 Gerald A. Cohen, 앞의 책, 45쪽.

16 Gerald A. Cohen, 앞의 책, 217쪽 이하.

17 Marx, Karl & Friedrich Engels, *Marx-Engels-Werke 13*, Institute fuer Maxismus- Leninismus (ed.), Berlin Dietz Verlag, 1959, 9쪽.

18 Gunnar Skirbekk & Nils Gilje, *Fiosofihistorie*; 윤형식 옮김, 『서양철학사 1』, 717쪽.

19 Gerald A. Cohen, "Review of Melvin Rader: Marx's Interpretation of History," *Clio*, Vol.10, No.2, 1981, 222쪽.

20 Karl Marx, *Zur Kritik der Politischen Ökonomie: Vorwort*, Marx-Engels-Werke 13, 9쪽.

21 이 부분은 이한구, 『역사학의 철학』, 민음사, 2007, 4부 2장(361-364쪽)에서 다룬 내용을 기초로 재구성한 것이다.

22 Imre Lakatos, "Falsification and the methodology of Scientific Research Progammes," 116쪽.

7장 ————

01 Anthony Giddens, *Sociology*: 김미숙 외 옮김, 『현대사회학』, 을유문화사, 2011, 132쪽.

02 위의 책, 137쪽.

03 Marshall McLuhan, *Understanding Media*, McGraw-Hill, 1964; 김성기·이한우 옮김, 『미디어의 이해』, 민음사, 2002, 30쪽 이하 참조.

04 David Held et al., *Global Transformations: Politics, Economics and Culture*, Cambridge: Policy, 1999, 10쪽.

05 임현진, 『세계화와 반세계화』, 세창출판사, 2011, 41쪽 이하.

06 Immanuel Wallerstein 외, 김광식·여헌덕 옮김, 『근대세계체제론』, 학민사, 1985, 229쪽 이하.

07 Leslie Sklaire, "Competing Conceptions of Globalization," *Journal of World-Systems Research 2*., 143쪽.

08 John W. Meyer et al., "World Society and the Nation State," *American Journal of Sociology*, 103(1), 1997, 152쪽 참조.

09 Arjun Appadurai, "Disjuncture and Difference in the Global Culture Economy," in Featherstone (ed.), *Global Culture: Nationalism, Globalization and Modernity*, London: Sage Publications Ltd, 1991, 296쪽.

10 「歐洲 名國의 兵備一覽表」, 『한성순보』, 1884년 3월 8일.

11 『춘추좌전』 양공 14년. 김월회, 「배타적으로 빛나는 중화」, 김민정 외, 『문명 안으로』, 한길사, 2011, 138쪽.
12 임현진, 『세계화와 반세계화』, 73쪽.

8장

01 이한구, 「문화의 변화에 대한 진화론적 설명 모형」, 『철학』 94집, 83쪽.
02 Richard Dawkins, *The Selfish Gene*, Oxford University Press, 1976: 『이기적 유전자』, 홍영남 번역(을유문화사, 1993), 287쪽 이하.
03 이한구, 앞의 논문, 98쪽.
04 과학 웹(Web of Science)는 Clarivate Analytics 사의 과학 정보원(Institute for Scientific Information)이 제공하는 과학인용 색인 서비스다.

연도	SCI																	
	학술지 개수						논문 편수						핵심어 개수					
	서구	유교	이슬람	비잔틴	불교	힌두	서구	유교	이슬람	비잔틴	불교	힌두	서구	유교	이슬람	비잔틴	불교	힌두
1990										—								
1995	5420	3920	2584	2716	1106	2087	411952	76237	11264	34050	2360	12409	3555385	591644	52682	153348	11040	59103
2000	5645	4823	3347	3392	1772	2615	493392	122329	18015	38922	4946	16677	3252057	575935	83131	181493	23219	77940
2005	6988	5803	4449	4165	2609	3391	566230	181785	33638	40841	8790	24157	3930581	852618	157386	193838	22754	116408
2010	8425	6997	6121	5131	3422	4635	669321	260563	69817	52236	13726	41130	3466560	1230675	331263	376596	67465	198048

05 Ian Morris, 구세희, 김정희 옮김, 『왜 서양이 지배하는가』, 글항아리, 2013, 211쪽 이하.
06 Jared Diamand, 김진균 역, 『총, 균, 쇠』, 문학과 지성사, 2013, 3장 참조.
07 Niall Fergusun, 구세희 옮김, 『거대한 퇴보』, 21세기 북스, 2013, 21쪽.
08 신중섭, 『포퍼의 열린사회와 그 적들』, 자유기업센터, 1999 참조.

_참고문헌

『고산공실록(高山公實錄)』
『난중일기(乱中日記)』
『백사집』
『선조실록』
『징비록(懲毖錄)』
『한성순보』

강정인, 『서구중심주의를 넘어서』, 아카넷, 2004.
김기봉, 『역사들이 속삭인다』, 프로네시스, 2009.
_____, 『'역사란 무엇인가'를 넘어서』, 푸른역사, 2000.
_____, 『히스토리아, 쿠오바디스』, 서해문집, 2016.
김월회, 「배타적으로 빛나는 중화」, 김민정 외, 『문명 안으로』, 한길사, 2011.
김헌, 「역사적 상상력으로 재구성한 문명의 기원」, 김민정 외, 『문명 안으로』, 한길사,
    2011.
김현식, 『포스트모던 시대의 '역사란 무엇인가'』, 휴머니스트, 2006.
소광희, 『시간의 철학적 성찰』, 문예출판사, 2016.
신승환, 『포스트모더니즘에 대한 성찰』, 살림출판사, 2013.
신중섭, 『포퍼의 열린사회와 그 적들』, 자유기업센터, 1999.
안성찬, 「문명과 야만1: 차별의 문명담론」, 김민정 외, 『문명 안으로』, 한길사, 2011.
엄정식, 『격동의 시대와 자아의 인식』, 세창출판사, 2015.
육영수, 「역사관이란 무엇인가?」, 한국사학사학회 편, 『21세기 역사학 길잡이』, 경인
    문화사, 2008.
이유선, 『실용주의』, 살림출판사, 2008.

이한구, 『지식의 성장』, 살림, 2004.

_____, 『역사학의 철학』, 민음사, 2007.

_____, 『역사주의와 반역사주의』, 철학과 현실사, 2010.

_____, "An Evolutionary Explanation Model on the Transformation of Culture by Cultural Genes," *Social Evolution and History*, Vol 8, 2009.

임현진, 『세계화와 반세계화』, 세창출판사, 2011.

정대현, 『이것을 저렇게도』, 세창출판사, 2013.

조남현, 『소설신론』, 서울대학교출판부, 1984.

조지형, 『랑케와 카』, 김영사, 2006.

차하순, 『사관이란 무엇인가』, 청람문화사, 1978,

최재희, 『역사철학』, 청림사, 1971.

Amin, Samir, *Eurocentrism*, 1989; 김용규 역, 『유럽중심주의』, 세종출판사, 1989.

Appadurai, Arjun, "Disjuncture and Difference in the Global Culture Economy," in Featherstone (ed.), *Global Culture: Nationalism. Globalization and Modernity,* London: Sage Publications Ltd., 1991.

Barthes, Roland, "Introduction to the Structural Analysis of Narratives," *Image Music Text*, (ed.) Stephen Heath, London: Fontana, 1977.

_____, "Historical Discourse," in *Introduction to Structuralism*, (ed.) M. Lane, New York: Basic Books, 1970.

_____, *Writing Degree Zero and Elements of Semiology*, (ed.) A. Lavers and C. Smith, London: Cape, 1967.

Becker, Carl, "What are Historical Facts," *Western Political Quarterly*, No.3, 1955; (ed.) Hans Metehoff, *The Philosophy of History in Our Time*, New York: Doubleday & Company, Inc., 1959.

_____, "The Detachment and Writing of History," *Atlantic Monthly*, 106 October, 1910.

Bossuet, Jacques-Bénigne, *Discours sur L'Histoire universelle*, Publié à Paris, 1681; *Discourse on Universal History*, Univ. of Chicago Press, 1976.

Buruma, Ian & Avishai Margalit, *Occidentalism-The west in the eyes of its enemies*, Penguin USA, 2005.

Bury, John B., *A History of Freedom of Thought*, Oxford University Press, 1914; 박홍규 역,『사상의 자유의 역사』, 바오출판사, 2005.

_____, "Inaugural Address: the Science of History"; (ed.) Fritz Stern, *The Varieties of History: From Voltaire to the Present*, London: MacMillan, 1970.

Callinicos, Alex, *Making History*, Ithaca: Cornell University Press, 1988; 김용학 역,『역사와 행위』, 교보문고, 1991.

Carr, Edward H., *What is History?*, London: Macmillan, 1962; 김택현 역,『역사란 무엇인가』, 까치글방, 2007.

Cassirer, Enst, *Die Philosophie der Aufklärung*, Tübingen, J. C. B. Mohr, 1932; 박완규 역,『계몽주의 철학』, 민음사, 1995.

Chalmers, Alan F., *What is This Thing Call Science?*, University of Queensland Press, 1982; 신일철·신중섭 옮김,『현대의 과학철학 1, 2』, 서광사, 1994.

Clark, Elizabeth A., *History, Theory, Text*, Harvard University Press, 2004.

Cohen, Gerald A., *Karl Marx's Theory of History: A Defence*, Princeton: Priceton University Press, 1978; 박형신·정헌주 옮김,『카를 마르크스의 역사이론』, 한길사, 2011.

_____, "Review of Melvin Rader: Marx's Interpretation of History," *Clio*, Vol.10, No.2, 1981.

Collingwood, Robin G., *The Idea of History*, New York: Oxford University Press, 1956; 소광희 역,『역사의 인식』, 경문사, 1990.

Croce, Benedetto, "History and Chronicle," *Theory of History*, (ed.) Patrick Gardiner, The Free Press, 1959.

Danto, Arthur, *Analytical Philosophy of History*, Cambridge University Press,

1965.

Danilevsky, Nikolay Y., *Russia and Europe*, Zaria, 1871.

_____, Russia and Europe, *Zaria*, No.2; Pritirim A. Sorokin, *Modern Historical & Social Pliosophies*, New York: Dover Pub, 1963.

Dawkins, Richard, *The Selfish Gene*, Oxford University Press, 1976:『이기적 유전자』, 홍영남 번역, 을유문화사, 1993.

Deutscher, Penelope, *How to Read Derrida*, Granta Publications, 2005; 변성찬 옮김,『How to Read 데리다』, 웅진 지식하우스, 2007.

Diamond, Jared, *The World Until Yesterday*, Allen Lane, 2012; 강주헌 역,『어제까지의 세계』, 김영사, 2013.

_____,『총, 균, 쇠』, 문학과 지성사, 2013.

_____ & Robinson, James A., (eds.) *Natural Experiments of History*, Harvard Univ. Press, 2010; 박진희 옮김,『역사학, 사회과학을 품다』, 에코리브르, 2015.

Dosse, Francois, *L'Historie*, Armand Colin/HER, 2000; 최생열 옮김,『역사철학』, 동문선, 2004.

Elder, Mirabeau, L'Ami des hommes: Traitè de la population (1756) in *Rethinking Civilizational Analysis*, S. A. Arjomand & E. A. Tiryakian (eds.), Sage Publications, 2004.

Elias, Norbert, *Über den Prozeβ der Zivilisation* Ⅰ, Basel, 1939;『문명화과정 Ⅰ』, 박미애 옮김, 한길사, 1996.

Evans, Richard J., *In Defence of History, Granta Books*, 1997; 이영석 옮김,『역사학을 위한 변론』, 소나무, 1999.

Fergusun, Niall,『거대한 퇴보』, 21세기 북스, 2013.

Frye, Northrop, *Anatomy of Criticism: four essays*, Princeton University Press, 1957; 임철규 옮김,『비평의 해부』, 한길사, 2000.

Fukuyama, Francis, *The End of History and the Last Man*, Free Press, 1992; 이상훈 옮김,『역사의 종말』, 한마음사, 1992.

Gadamer, Hans-Georg, *Wahrheit und Methode*, Tübingen: J. C. B. Mohr, 1960; 이길우 역, 『진리와 방법 1』, 문학동네, 2000.

Gallie, Walter B., *Philosophy & The Historical Understanding*, New York, Schocken Book, 1968.

Giddens, Anthony, Sociology, Cambridge: Polity Press, 2009: 김미숙 외 옮김, 『현대사회학』, 을유문화사, 2011.

Goodman, Nelson, *Ways of Worldmaking*, Hackett Publishing Company, 1978.

Hegel, Georg, *Vorlesungen über die Philosophie der Geschichte*, (herg.) F. Brunstad, Stuttgart: Philipp Reclam Jun, 1961.

_____, *Vorlesungen über die Philosophie der Geschichte*, Werke 12, Frankfurt am Main: Suhrkamp Verlag, 1970; 김종호 역, 『역사철학』, 삼성출판사, 1990.

_____, *The Philosophy of History*, New York: Dover, 1956.

Heidegger, Martin, *Sein und Seit*, Max Niemeyer, 1926; 소광희 옮김, 『존재와 시간』, 경문사, 1995.

Held, David et al., *Global Transformations: Politics, Economics and Culture*, Cambridge: Policy, 1999.

Herder, Johann G., "J. G. Herder on Social and Political Culture," in *Yet Another Philosophy*; (ed.) F. M. Barnard, Cambridge University Press, 1969.

Horkheimer, Max & Theodor Adorno, *Dialektik der Aufklärung: Philosophische Fragmente*, S. Fisher Verlag GmbH, 1969; 김유동 옮김, 『계몽의 변증법』, 문학과 지성사, 2001.

Hunt, Ian, *Analytical and Dialectical Marxism*, England Aldershot: Avebury, 1993.

Hunt, Lynn, Appleby Joyce, Jacob Margaret, *Telling the truth about history*, Norton, 1994; 김병화 역, 『역사가 사라져 갈 때』, 산책자, 2013.

Huntington, Samuel P., *Clash of Civilizations and the Remaking of World Order*, Touchstone, 1996; 이희재 역, 『문명의 충돌』, 김영사, 1997.

Iggers, Georg G., *Historiography in the Twentieth Century, From Scientific Objectivity to the Postmodern Challenge*, Hanover: University Press of New England, 1997; 임상우·김기봉 옮김, 『20세기 사학사』, 푸른역사, 2000.

James, Susan, *The Content of Social Explanation*, Cambridge University Press, 1984.

James, William, "What Pragmatism Means," *Philosophy in the Twentieth Century; An Anthology*, Vol.1, (ed.) William Barrett and Henry Aikin, New York: Random House, 1962.

Jenkins, Keith, *Re-thinking History*, Hyean Publishing Company, 1991; 최용찬 옮김, 『누구를 위한 역사인가』, 혜안, 1999.

Kant, Immanuel, *Ges. Schriften*, (hrsg.) v. d. Preuss. Akad. d. Wiss., Berlin, 1923.

Katzenstein, Peter J.(ed.), *Civilizations in World Politics: Plural and pluralist perspective*, Routledge, 2010.

Korsch, Karl, *Karl Marx*, Frankfurt am Main, 1967; Urs Jaeggi und Axel Honneth, *Theorien des Historischen Materialismus*, Frankfurt am Main: Suhrkamp Verlag, 1977.

Kosso, Peter, *Knowing the Past: Philosophical Issues of History and Archaeology*, New York: Humanity Books, 2001.

Kuhn, Thomas, *The Structure of Scientific Revolution*, University of Chicago Press, 1962; 김명자 역, 『과학혁명의 구조』, 두산잡지 B.U., 1992.

Ladyman, James, *Understanding philosophy of science*, Routledge, 2001; 박영태 역, 『과학철학의 이해』, 이학사, 2003.

Lakatos, Imre, "Falsification and the methodology of Scientific Research Progammes"; *Criticism and the Growth of Knowledge*, (ed.) Imre Lakatos & Alan Musgrave, Cambridge University Press, 1970; 조승옥 역, 『현대과학철학 논쟁: 쿤의 패러다임 이론에 대한 옹호와 비판』, 아르케, 2002.

_____, *The Methodology of Scientific Research Programmes*, (ed.) John

Worrall, 1978: 신중섭 역,『과학적 연구 프로그램의 방법론』, 아카넷, 2002.

Mandelbaum, M., "Objectivism in History," (ed.) S. Hook, *Philosophy and History*, New York University Press, 1963.

Marx, Karl & Friedrich Engels, *The Communist Manifesto*, (ed.) Frederic L. Bender, W. W. Norton & Company, 1988; 강유원 역,『공산당 선언』, 이론과 실천, 2008.

_____, *Marx-Engels-Werke 13*, Institute fuer Maxismus- Leninismus (ed.), Berlin Dietz Verlag, 1959.

Marx K., 최형익 역,『루이 보나파르트의 브뤼메르 18일』, 비르투, 2012.

McLuhan, Marshall, *Understanding Media*, McGraw-Hill, 1964; 김성기 옮김,『미디어의 이해』, 민음사, 2002.

Mink, Louis, *Historical Understanding*, Cornel University Press, 1987.

Morris, Ian,『왜 서양이 지배하는가』, 글항아리, 2013.

Mounce, Howard O., *The Two Pragmatisms: From Pierce to Rorty*, London & New York: Routledge, 1997.

Meyer, John et al., "World Society and the Nation State," *American Journal of Sociology,* 103(1), 1997.

Nietzsche, Friedrich, *Zur Genealogie der Moral*, Leipzig: Verlag von C. G. Naumann, 1887; 백승영 역,『도덕의 계보』, 서울대학교 철학사상연구소, 2005.

Passmore, J. A., "The Objectivity of History," *Philosophical Analysis and History*, (ed.) W. Dray, New York: Harper & Row, 1966.

Popper, Karl, *The logic of scientific discovery*, London: Hutchinson, 1968.

_____, *Conjectures and refutations: the growth of scientific knowledge*, New York: Harpe r& Low, 1968; 이한구 옮김,『추측과 논박1』, 민음사, 2001.

_____, *The Open Society and Its Enemies*, vol.1, Princeton University Press, 1971; 이한구 역,『열린사회와 그 적들 1』, 민음사, 2006.

_____, *The Open Society and Its Enemies*, vol. II, Princeton University

Press, 1971; 이명현 역, 『열린사회와 그 적들 2』, 민음사, 1989.

_____, *The Proverty of Historicism, London*: Routledge & Kegan Paul, 1961; 이한구 외 옮김, 『칼 포퍼 역사법칙주의의 빈곤』, 철학과 현실사, 2016.

Putnam, H., "Truth and Convention: On Davidson's Refutation of Conceptual Relativism," *Relativism*, M. Krantz ed., University of Notre Dame Press, 1989.

Ranke, Leopold von, *Sämtliche werke X X III*, Leipzig; Duncker und Humboldt, 1885, dritte Auflage; (trans.) Phillip A. Ashworth, *History of the Latin and Teutonic Nations from 1494 to 1514*, Kessinger Publishing, 2004.

_____, *Englische Geschichte vornehmlich im sechzehnten und siebzehnten Jahrhundert* (1859-1868), Stuttgart; Koehler, 1955.

Rorty, Richard, 「상대주의: 발견하기와 만들기」, 김동식 엮음, 『로티와 철학과 과학』, 철학과 현실사, 1997.

_____, *Contingency, Irony and Solidarity*, Cambridge Univ. Press, 1989; 김동식·이유선 옮김, 『우연성, 아이러니 그리고 연대성』, 민음사, 1996.

Said, Edward, *Orientalism*, Pantheon Books, 1978; 박홍규 역, 『오리엔탈리즘』, 교보문고, 1995.

Schaff, Adam, *History and Truth*, Oxford: Pergamon Press, 1976; 김택현 옮김, 『역사와 진실』, 청사, 1982.

Shohat, Ella/Stam, Robert, *Unthinking Eurocentrism*, Routledge, 1994.

Skirbekk, Gunnar & Gilje, Nils, *Fiosofihistorie*, Scandinavian University Press, 2000; 윤형식 옮김, 『서양철학사1』, 이학사, 2016.

Sklaire, Leslie, "Competing Conceptions of Globalization," *Journal of World-Systems Research 2*.

Sober, Elliott, *Reconstucting the Past: Parsimony, Evolution, and Inference*, MIT Press, 1988.

Toynbee, Arnold, *A Study of History*; Oxford University Press, 1934-1961; 『역사의 연구』 1-6권, 고려서관, 1989.

Wallerstein, Immanuel, *The Modern World-System*, Academic Press, 1980; 나종일 옮김, 『근대세계체제 1』, 까치, 1999.

Watkins, John W. N., "Historical Explanation in the Social Sciences"; *Theories of History* (ed.) P. Gardiner, New York: The Free Press, 1959.

_____, "Ideal Typus and Historical Explanation"; *The Philosophy of Social Explanation*, (ed.) A. Ryan, London: Oxford University Press, 1973.

White, Hayden, *Metahistory: The Historical Imagination in Nineteenth-Century Europe*, Johns Hopkins University Press, 1973.

Wildt, Andreas, "Produktivkraefte und sociale Umwaelzung. Ein Versuch zur Transformation des Historischen Materialismus," *Theorien des Historischen Materialismus*, (hrsg.) Urs Jaeggi und Axel Honneth, Frankfurt am Main: Suhrkamp Verlag, 1977; 윤근식 편저, 『유물론적 역사 이론들』, 성균관대학교출판부, 1993.

_ 찾아보기

석학人文강좌 72